신약 성서,
새로운 삶의 희망을 전하다

신약 성서, 새로운 삶의 희망을 전하다

2014년 5월 30일 1판 1쇄
2018년 2월 20일 1판 2쇄

지은이 박경미

편집 정은숙, 서상일
디자인 백창훈
제작 박홍기
마케팅 이병규, 양현범, 박은희

인쇄 코리아피앤피
제책 J&D바인텍

펴낸이 강맑실
펴낸곳 (주)사계절출판사 | 등록 : 제406-2003-034호
주소 (우)10881 경기도 파주시 회동길 252
전화 031)955-8588, 8558
전송 마케팅부 031)955-8595 편집부 031)955-8596
홈페이지 www.sakyejul.co.kr | **전자우편** skj@sakyejul.co.kr
블로그 skjmail.blog.me | **트위터** twitter.com/sakyejul | **페이스북** facebook.com/sakyejul

값은 뒤표지에 적혀 있습니다. 잘못 만든 책은 서점에서 바꾸어 드립니다.
사계절출판사는 성장의 의미를 생각합니다.
사계절출판사는 독자 여러분의 의견에 늘 귀 기울이고 있습니다.

ISBN 978-89-5828-759-9   44230
ISBN 978-89-5828-407-9   (세트)

이 도서의 국립중앙도서관 출판시도서목록(CIP)은 e-CIP 홈페이지(http://www.nl.go.kr/cip.php)에서
이용하실 수 있습니다.(CIP제어번호:2014015824)

주니어클래식 12

신약 성서,
새로운 삶의 희망을 전하다

박경미 지음

사계절

머리말

성서는 기본적으로 하나의 문헌입니다. 이것은 성서를 뜻하는 Bible이라는 말이 '문서'나 '문헌'을 뜻하는 그리스어 biblos라는 말에서 유래했다는 사실에서도 잘 드러납니다. 영어에서 Bible이라는 단어는 그 앞에 늘 정관사 the를 붙여서 the Bible이라는 식으로 말합니다. '그 문헌'이라고 하면 곧바로 성서를 떠올릴 만큼 서구인들의 역사와 문화에서 성서는 중요한 의미를 지녀 왔습니다. 예를 들어, 성서를 모르면 렘브란트나 고흐의 그림, 단테의 『신곡』이나 도스토옙스키의 『카라마조프의 형제들』 같은 문학 작품을 제대로 이해할 수 없습니다. 자연에 대한 서구인들의 이해, 유럽 시민 혁명 시기의 천부 인권 선언도 성서에 근거해 있습니다. 이토록 중요한 것이 성서입니다.

그런데 성서를 어떤 문헌으로 보고 읽느냐에 따라 그 의미가 아주 달라집니다. 무엇보다도 기독교인에게 성서는 단순한 책이 아니라 경전입니다. 기독교 신앙의 표준적인 내용을 담은 성스러운 책입니다. 기독교인이라면 자신의 신앙과 실제 삶에서 생기는 여러 가지 물음을 놓고 씨름하는 과정에서 성서와 만나게 됩니다.

다른 한편으로 기독교인이 아닌 사람들도 저마다 다양한 이유로 성서를 읽을 수 있습니다. 성서는 위대한 문학 작품 가운데 하나일 수 있고, 역사가에게는 성서가 여러 시대의 삶을 들여다볼 수 있는 사료이기도 합니다. 이러한 관점들을 아우르는 하나의 관점이란 있을 수 없을 것입니다.

그렇다면 이 책에서는 성서를 어떤 관점에서 읽는지가 문제가 되겠지요. 저는 기독교인으로서 어릴 때부터 교회와 기독교 전통에 익숙한 사람입니다. 그렇지만 이 책에서는 되도록이면 그러한 전제를 접어 두고, 역사적인 관점에서 신약 성서를 설명했습니다. 그것은 이 책이 기독교인뿐만 아니라 일반 청소년들과 일반 인문 교양 독자들에게도 성서를 알기 쉽게 이야기하고자 하는 책이라는 점에서 당연하다고 할 수 있습니다. 역사적 관점에서 보면 성서를 당시 사람들의 구체적인 삶의 이야기로 읽을 수 있습니다. 성서의 인간들이 주어진 삶의 조건 속에서 고통을 감내하며 어떠한 삶의 무늬들을 만들어 갔는지, 고통 속에서도 삶을 살 만한 것으로 받아들이게 한 '설득력의 구조'는 무엇이었는지 발견할 수 있습니다. 이러한 것들은 기독교 신앙을 전제하지 않고도 역사적인 방법을 통해 알 수 있습니다. 말하자면 기독교인이냐 아니냐라는 차이에 걸려 넘어지지 않으면서 두 부류의 독자에게 공평한 방법 가운데 하나가 성서를 역사 이야기로 읽는 것입니다.

크게 보면, 구약 성서는 고대 이스라엘의 형성과 소멸을 그들의 신 야훼 하나님과의 관계 속에서 기술한 책이라고 할 수 있습니다. 그리고 신약 성서는 하나님의 새로운 백성인 교회의 성립과 그 기원이 되는 예수 운동에 관한 이야기라고 할 수 있습니다. 말하자면 신·구약 성서는 하나님의 백성이 지나온 발자취를 기술한 것으로서 역사적으로 접근할 수 있습니다.

그런데 성서의 역사 기술에서 눈여겨보아야 할 점이 몇 가지 있습니다. 모든 역사 기술에는 특정한 의도나 역사관이 있게 마련이기 때문입니다.

우선 성서에서 역사의 주체는 지배 계급도, 민중도, 또 남성도, 여성도 아닙니다. 성서는 철저하게 하나님이 역사의 주인이라는 확신을 바탕에 깔고 있습니다. 성서의 바탕에는 하나님이 모든 피조물을 창조했고, 또 시간의 주인이며 역사의 중심에 있다는 인식이 깔려 있습니다. 그러므로 성서 역사 기술의 가장 중요한 특징은 신앙 고백으로서의 역사 기술이라는 것입니다. 이것은 근대적인 의미의 역사 기술과는 다릅니다. 즉 증명할 수 있는 사실만 객관적으로 다루는 역사 기술과는 전혀 다릅니다. 성서의 신앙 고백을 받아들일지 여부를 떠나서, 일단 성서는 신앙 고백으로서의 역사입니다. 따라서 객관적이고 실증적인 역사가 아니라 목적과 의도가 뚜렷한 역사 기술이라는 점을 염두에 두어야 합니다.

다음으로 염두에 두어야 할 것은 하나님이 역사의 주인이라는 신앙 고백이 실질적으로 어떠한 형태로 펼쳐지느냐는 것입니다. 사실 성서는 어느 한 사람, 또는 한 집단이 쓴 작품이 아닙니다. 시대적으로도 아주 오랜 세월에 걸쳐 형성된 문헌입니다. 그래서 성서 안에는 서로 조화될 수 없는 모순된 내용들이 많이 있습니다. 그러나 전체적으로 봤을 때 중요한 특징 가운데 하나는 가난하고 억압받는 사람들의 관점에서 쓰였다는 점입니다. 이것이 역사의 주인은 하나님이라는 신앙 고백의 실질적인 의미입니다.

구약 성서는 고대의 대제국이던 이집트의 압제 아래 신음하던 노예들의 해방 사건을 원초적인 체험으로 이야기합니다. 신약 성서는 예수가 벌인 하나님 나라 운동을 원초적인 사건으로 기술합니다. 이집트 탈출 사건과 하나님 나라 운동은 모두 가난하고 억압받는 사람들, 즉 시대와 인간 삶의 모순이 집약되는 가장 낮은 곳에 있는 사람들이 자기 삶의 주인이 되는 이야기를 핵으로 하고 있습니다. 따라서 하나님을 중심으로 하는 역사 기술이라는 성서의 특징은 실질적으로는 약자 중심의 역사 기술이라는 의미로 이해할 수 있습니다. 이것은 왕과 귀족 중심의 역사 기술이 지배적이던 고대의 일반적인 역사 기술과 견주어 보면 매우 두드러지는 특징이라 할 수 있습니다. 말하자면 신을 중심으로 역사를 쓰는 것이 현실 권력의 신화를 깨는 효과를 가져온 것입니다.

그리하여 이 책에서는 성서가 기본적으로 역사책이고, 그것도 하나님에 대한 신앙 고백으로서의 역사이자 가난하고 억압받는 자들의 관점에서 쓰인 역사책이라는 시각에서 신약 성서를 읽을 것입니다.

성서는 하나님의 말씀이면서 동시에 인간의 말입니다. 성서가 인간의 말이기도 하다는 사실을 무시하고 문자 그대로 하나님의 말씀이라고 받아들이면 성서 자체의 굴곡과 왜곡의 역사를 보지 못하게 됩니다. 그리고 결과적으로는 시대착오적이 되어 버리고 맙니다. 성서를 글자 그대로 이 시대에 적용한다는 것은, 그렇게 하고 있다고 착각하는 사람들의 생각처럼 실제로 가능한 일이 아닙니다. 예를 들어, 구약 성서의 정결법(종교적인 정결과 부정에 근거해서 삶의 거의 모든 영역을 규정한 규범)에 따르면 돼지고기를 먹을 수 없습니다. 그렇지만 오늘날 성서에 따라 이것을 지키는 기독교인은 거의 없습니다. 또 오늘날 전쟁에서는 구약 성서의 전멸법(가나안 땅에서 전쟁할 때는 숨 쉬는 모든 것을 다 죽이라는 법)을 지키지 않으며, 산상 설교의 숭고한 윤리를 그대로 실천하지도 않습니다. 결국 자기들 좋을 대로 선택하고 있습니다. 어떤 방식으로든 우리는 나름대로 자기 처지에서 선택하여 '해석한 성서'를 받아들이고 있는 것입니다. 그리고 우리가 이렇게 무의식적으로 하는 취사선택은 많은 경우 자기중심적이거나 시대의 편견에 영향을 받고 있습니다.

심지어 기독교는 현실 세계의 잘못된 관습이나 정책, 이데올로기를 성서를 통해 정당화한 경우도 많습니다. 기독교인이 성서에 입각해서 세상의 잘못을 비판해야 하는데도 오히려 세상의 부당함을 합리화하기 위해 성서를 끌어다 댄 것입니다. 성서를 하나님의 말씀이라고 추켜세우면서 실제로는 성서 해석을 독점한 지배 집단의 이익을 위해 성서를 이용하고 있습니다. 오늘날 한국 교회가 권력에 복종하고 노동자를 탄압하는 데 성서를 이용하는 것도 그 예라 할 수 있습니다.

특히 가부장주의처럼 역사가 긴 억압의 구조는 그 옛날 성서가 쓰일 당시만이 아니라 지금도 문제가 되고 있습니다. 성서는 거의 남성들이 썼는데, 이들은 가부장제 사회에서 누리던 특권을 당연하게 받아들였으며, 가부장제 사회의 요구에 맞는 여성을 이상적인 여성으로 생각했습니다. 성서는 직간접으로 당시 가부장 문화의 영향을 반영하고 있습니다. 따라서 성서를 문자대로만 읽는다면, 성서에 나타난 여성 억압이 정당하다고 여기게 됩니다. 실제로 성서는 오늘날 가부장주의를 정당화하는 방편으로 사용되기도 합니다.

이처럼 성서가 인간의 말이기도 하다는 사실을 무시한 채 문자 그대로 하나님의 말씀이라고 주장한다면 성서를 이용해 무슨 소리든지 할 수 있게 됩니다. 성서 자체가 수많은 사람들의 손을 거쳐 형성되어 왔고, 인간이 할 수 있는 많은 말이 섞여 있기 때문입니다.

성서는 고대 수천 년에 걸친 역사 속에서 이루어진 특정 인간 집단과 하나님 사이의 만남의 경험을 기록한 책입니다. 당연히 성서는 그것이 기록된 당시의 삶의 자리에 기초하고 있으며, 하나님의 음성은 그 시대의 소리로 들립니다. 성서를 글자 그대로 이해하는 것의 근본적인 문제점은 시대의 언어라는 성서의 한계를 무시한다는 데 있습니다. 그러므로 중요한 것은 먼저 성서의 시대적인 한계를 밝히는 일이고, 다음은 성서의 다양한 목소리 가운데 핵심 줄기가 무엇인지 찾는 일입니다.

오늘날 우리가 보는 성서는 여러 필사본들을 놓고 학자들이 복잡한 비평 작업을 해서 지금과 같은 형태로 고정한 것입니다. 기독교인의 시각에서 보면 그것 또한 하나님의 섭리에 따른 것이라고 할 수 있겠습니다. 그렇지만 섭리니 계시니 하는 말은 너무나 구멍이 큰 그물망과도 같습니다. 그물눈 사이로 모든 것이 빠져나가 버려서 우리가 알고자 하는 자세한 사항들에 대해 아무것도 설명해 주지 못합니다. 따라서 다양한 필사본들이 어떤 과정을 거쳐 지금 형태의 본문으로 고정되었는지 살펴봐야 합니다. 그리고 더 중요하게는 성서의 본문들이 역사·사회·정치적으로 어떤 배경 속에서 탄생했는지, 그 안에 녹아 있는 인간의 갈등과 욕망들은 어떠한 것인지, 그 가운데서 이른바 계시나 섭리가 어떤 모습으로 나타났는지를 해석해 낼 필요가 있습니다.

신약 성서는 27권의 문서로 이루어져 있습니다. 그 안에는 복음서, 행전, 편지, 묵시록 등 여러 장르의 작품이 들어 있습니다. 내용과 형식, 시대 배경 등이 매우 다양한 신약 성서의 각 문서들에 대해 한 권 한 권 기술해 나갈 경우 분량도 많아지고, 비전문가들에게는 그리 흥미롭지 않을 것입니다.

신약 성서의 중심에는 예수라는 인물이 있습니다. 복음서들은 그의 삶과 죽음, 부활을 전하는 이야기들입니다. 그 안에는 예수의 삶과 죽음의 의미에 대한 성찰이 녹아들어 있습니다. 복음서 외의 신약 성서 문서들도 예수와 떼려야 뗄 수 없는 관계입니다. 그래서 이 책에서는 초대 기독교 형성의 기원이 되는 예수와 예수 운동을 중심으로 쓸 것입니다. 나아가 예수 사후에 형성된 예루살렘 교회와 바울이 로마 제국 곳곳에 세운 교회를 통해 예수의 삶과 정신이 어떻게 계승되고 어떻게 단절되었는지 그 과정도 기술합니다. 그렇게 하기 위해 먼저 1세기 팔레스타인과 로마의 시대 상황을 살펴볼 것입니다. 따라서 이 책은 1세기 팔레스타인과 로마 제국의 상황에서 예수와 바울, 초대 기독교의 형성이 어떠한 의미가 있는지 돌아보게 됩니다. 그리고 그 의미를 효과적으로 드러내기 위해서 신약 성서 본문과 1세기 유대교, 로마 제국의 역사를 서로 교차시키면서 기술하게 될 것입니다.

이 책에서는 그동안 축적된 연구 결과를 활용해서 성서의 이야기들을 읽습니다. 이러한 방법은 기독교 신앙과 양립 불가능한 것이 아닙니다. 오히려 시대와 소통하는 올바른 기독교 신앙을 위해서도 이러한 성서 읽기가 요청됩니다. 특히 오늘날 우리 사회처럼 교회가 길을 잃고 사회의 양심을 대변하지 못하는 상황에서는 더욱 그렇습니다.

2천여 년 전 갈릴리 마을들을 돌아다니며 하나님 나라를 전파하고, 세계와 인간에 대한 새로운 상상력을 불러일으켰던 예수라는 영원한 청년의 모습을 되살리는 데 이 책의 시도가 부족하나마 도움이 되기를 기대합니다.

2014년 3월
박경미

차 례

예수의 공동체 회복 운동

부활 신앙과 교회의 성립

바울과 초기 기독교

에필로그

일러두기

1. 이 책에서는 『성경전서 표준 새번역』(대한성서공회, 2001)을 대본으로 사용
   했습니다.
2. 하나님을 비롯한 마태, 마가, 바울, 나사렛, 고린도 등 지명과 인명의 표기는
   『성경전서 표준 새번역』을 따랐습니다.
3. 성서를 인용할 때 '마태'는 마태복음서, '마가'는 마가복음서, '누가'는 누가복
   음서, '요한'은 요한복음서를 말하며, 장과 절은 아래와 같이 표기했습니다.
   　　마가복음서 1장 1절~5절 = 마가 1:1~5
   　　마태복음서 1장 1절~2장 5절 = 마태 1:1~2:5
   　　누가복음서 1장 1절, 2장 5절 = 누가 1:1, 2:5
4. 히브리어, 그리스어, 라틴어는 알파벳으로 표기했습니다.

1세기 팔레스타인의 상황과
예수의 하나님 나라 운동

로마 제국의 평화와 번영

예수(기원전 4?~기원후 30?)는 유대인이었고, 예수를 따르던 사람들도 대부분 유대인이었습니다. 그러므로 예수와 그의 활동을 이해하려면 1세기 팔레스타인에서 유대인들이 어떻게 살았는지 알아야 합니다. 나아가 예수가 벌인 하나님 나라 운동의 역사적인 맥락을 알기 위해서는 팔레스타인 지역의 사회 제도나 종교, 당시 로마 제국 아래에서 유대인들의 삶이 어떠했는지를 이해해야 합니다.

일반적으로 1세기 로마 제국은 평화와 번영의 시기로 알려져 있습니다. 옥타비아누스(기원전 63~기원후 14)는 로마의 통치 형태와 지배권을 둘러싸고 100년 가까이 계속되던 내전을 끝내고, 황제 자리에 올라 아우구스투스라는 칭호를 얻었습니다. 아울러 변방의 수비를 튼튼히 하고 새로운 영토를 확장하는 등 지중해 연안을 평정하여 명실상부한 제국을 건설했습니다. 황제의 개인 금고를 살찌웠으며, 원로원[*]을 지배했습니다. 그는 자기가 건설한 제국의 질서를 팍스 로마나(pax romana, 로마의 평화)라고 일컬었습니다.

그리고 거기에 어울리는 가부장적 사회 질서도 주도면밀하게 세워 나갔습니다. 그는 제국의 기본 바탕으로서 가정의 중요성을 일찌감치 알아보고 결혼을 의무로 했습니다. 결혼하지 않은 사람은 재산 상속이나 공직 임명에 불이익을 주었습니다. 황제를 위한 축제와 경기도 벌였습니다. 대중은 이때 서커스를 즐기고 빵과 고기를 얻어먹으며 만족했습니다.

종교적으로는 황제 숭배와 다원주의 정책을 함께 내세웠습니다. 황제 숭배는 정치적 예속의 종교적인 표현이므로, 사람들의 종교적인 갈증을 달래 줄 수는 없었습니다. 이 때문에 제국의 질서에 도전하지 않는 한 다양한 종교 활동을 허락했습니다. 유대교와 기독교, 그 밖의 수많은 신비 종교와 점성술은 로마 제국의 이러한 종교 정책 아래에서 경쟁할 수 있었습니다.

정복당한 백성에게 '로마의 평화'란?

그러나 이러한 일반적인 묘사와 함께 피정복민의 관점에서 실제로 로마 제국의 통치가 어떤 것이었는지 살펴야 합니다. 정복당

---

[*] 고대 로마 공화정을 이끌던 정치 기관. 법을 만들고, 오늘날 대통령이나 총리와 같은 역할을 하는 집정관에게 자문을 하며, 국내 정치와 외교를 이끌었다. 그러나 아우구스투스가 황제로 군림하면서 의회에 해당하는 원로원의 기능이 약화되었다.

한 백성에게 로마 제국의 통치는 군사적 폭력이었고, 경제적 수탈이었습니다.

황제가 세운 새로운 질서인 팍스 로마나는 권력자와 특권층을 위한 것일 뿐, 지배받는 백성에게는 삶을 혼란스럽고 황폐하게 만드는 것이었습니다. 제국의 권력은 씩씩한 구호를 외치고 휘황찬란한 청사진을 펼쳐 보였지만, 그것은 정복당한 백성에게서 마지막 한 줌의 이익까지 짜내기 위한 구실에 지나지 않았습니다. 제국의 수도와 도시의 부유한 권력층에게는 팍스 로마나가 질서를 뜻했습니다. 그렇지만 식민지의 일반 민중에게는 기존의 마을 공동체에 토대를 둔 삶을 무너뜨려 혼란과 위기에 빠뜨리는 것이었습니다. 신약 성서학자 리처드 호슬리는 『갈릴리, 예수와 랍비들의 사회적 맥락』이라는 책에서 팍스 로마나 체제가 단순한 정치적 지배를 넘어 경제적인 측면에서 농촌 마을 공동체를 수탈하는 것이었음을 밝혔습니다. 제국은 정복한 민족들에게서 조공 형태로 물자를 강탈했습니다. 이렇게 빼앗은 물자로 군사력을 유지하고 대중을 빵과 서커스로 만족시켰던 것입니다.

동시에 로마 제국의 통치 방식은 사람들에게 공포와 두려움을 불러일으켜 복종하게 만드는 것이었습니다. 기본적으로 그것은 폭력에 의한 통치였습니다. 당시 초강대국이던 로마 제국은 유다와 갈릴리 같은 전통적인 소요 지역 주민들을 폭력과 공포 정치로 다스렸습니다.

팔레스타인은 지리적으로 북부의 갈릴리 지방과 남부의 유다 지방으로 크게 나뉘며, 그 사이에 사마리아가 있습니다. 예수는 갈릴리의 작은 마을 나사렛 출신으로, 주로 갈릴리의 마을들을 돌아다니며 가르쳤습니다. 전통적으로 예루살렘 성전이 있던 남부 유다에 견주어 북부 갈릴리가 더 비옥해서 착취도 더 심했고, 따라서 소요도 더욱 심했습니다. 로마 군대는 예수가 활동한 주된 무대였던 갈릴리 나사렛과 가버나움 같은 곳들에서도 집과 마을을 불태우고 주민들을 학살했으며 노예로 끌고 갔습니다. 로마 제국은 다른 민족에 대한 본보기로 아무 거리낌 없이 이런 짓을 저질렀습니다. 팔레스타인은 전통적으로 로마에 고분고분하지 않은 지역이었기 때문에 더욱 잔인한 테러의 대상이 되었습니다.

기원전 4년 폭군이던 헤롯(기원전 73~기원전 4) 대왕이 죽자 그동안의 억압에 저항과 분노의 물결이 거세게 일어났습니다. 예수가 태어날 무렵인 기원전 4년 전후 유대 사회는 혁명의 열기로 들끓었습니다. 이를 잠재우기 위해 총독 바루스는 마을들을 불태워 시골을 초토화한 뒤, 반란자들의 거점을 소탕하고 2천 명을 십자가형에 처했습니다.

그렇지만 그 뒤에도 혁명의 열기는 수그러들지 않았습니다. 기원후 6년, 유다와 사마리아 지역에 대한 로마의 직접 통치와 세금 부과가 계기가 되었습니다. 헤롯 대왕이 죽은 뒤 로마는 그의 세 아들인 헤롯 아켈라오, 헤롯 안티파스, 헤롯 빌립에게 영토를 나누어 통치하게 했습니다. 아켈라오는 유다와 사마리아와

1세기 팔레스타인 지도

로마는 헤롯 대왕이 죽은 뒤 그의 세 아들인 아켈라오, 안티파스, 빌립에게
영토를 나누어 다스리게 했다. 유대인들은 로마를 대리하는
헤롯 가문의 지배에 끊임없이 저항했고, 로마는 군대를 주둔시켜
유대인들을 잔인하고 혹독하게 탄압했다.

이두매를, 안티파스는 갈릴리와 베레아를, 빌립은 북부 드라고닛과 가울란티스 지방을 다스렸습니다. 이 가운데 가장 넓은 영토를 물려받은 아켈라오는 매우 무능했습니다. 그래서 6년에 로마는 그를 물러나게 하고 로마 총독 코포니우스를 앉힙니다. 이로써 유다는 로마의 직접 통치 아래 들어가게 되었습니다.

코포니우스가 맨 처음 한 일은 세금을 부과하기 위해 영토를 재구획하는 것이었습니다. 이제 세금 부과는 헤롯 가문이 아니라 로마의 직접적인 책임이었습니다. 이것은 유대인들에게 심각한 분노를 불렀습니다. 왜냐하면 유대인들에게는 황제에게 직접 세금을 내는 것은 황제를 '주'로 승인하는 것이나 다름없었기 때문입니다. 그것은 오직 한 분 주님만을 인정하라는 계명을 어기는 것이었습니다. 유대 역사가 요세푸스(37?~100?)에 따르면, 이 세금 부과는 유다라는 갈릴리 혁명가를 탄생시켰고 유대 공동체 내에서 혁명 운동이 만들어지는 계기가 되었습니다.

48년, 심각한 기근이 일어났을 때도 팔레스타인 전역에 혁명의 열기가 들불처럼 번졌습니다. 로마 제국에 대한 조공과 여러 세금으로 착취당하던 농민들 가운데 많은 사람들이 집과 땅을 빼앗기고 가족마저 노예로 팔려 가 뿔뿔이 흩어졌습니다. 마침내 사람들은 도적 떼에 합류하여 로마에 저항했습니다. 이들은 66~70년 유대 독립 전쟁이 일어났을 때에도 활발하게 활동하게 됩니다. 더욱 급진적인 이념을 가진 유대인들은 소규모 암살단을 조직하여 로마인이나 그들에게 동조하는 사람들을 암살하고 테러를 감행했습니다. 또한 수많은 예언자들이 등장해서 자신은 모든 사람들이 갈망하는 해방을 가져올 하나님의 선택을 받은 사람이라고 자처했습니다. 정치적인 메시아 운동, 예언 운동, 도적 떼, 테러리스트들이 들끓었습니다. 도적과 의적의 경계는 모호했고, 어제의 농민이 오늘은 도적이 되고 내일은 의적이 되었습니다. 그리고 유대 민중은 그들에게 동조적이었습니다. 이러한 혁명 분위기는 66~70년의 유대 독립 전쟁 때까지 계속 높아집니다.

예루살렘의 종교 지도자들은 로마와의 전쟁이 파국을 불러올 뿐이라고 보았습니다. 그러나 혁명을 옹호하는 사람들은 66년 결국 유대 정부에 대한 통제권을 손에 쥐었으며, 로마로부터 독립을 선언했습니다. 그러나 4년의 전쟁 끝에 로마 군대는 예루살렘을 함락하고 성전을 불태웠습니다. 총독 플로루스는 제국의 질서를 어지럽힌 사람들이 어떤 운명을 맞이하는지 본보기를 보여 주기 위해 예루살렘 도시의 모든 것을 파괴하고 수많은 유대인을 십자가에 못 박아 죽였습니다.

팔레스타인 지역이 기원전 63년부터 로마의 지배권 아래 들어간 뒤로, 이러한 로마의 폭력적인 통치는 몇백 년 동안 이어졌습니다. 갈릴리 지역에서 자란 예수는 이러한 로마 제국의 폭력을 직접 목격하고 지울 수 없는 깊은 인상을 받았을 것입니다.

〈예루살렘의 파괴〉

데이비드 로버츠, 1850년

70년, 유대 전쟁 때 로마 군대가 예루살렘을 공격하는 모습이다. 불타는
예루살렘은 검은 연기로 뒤덮여 있고, 오른쪽 아래에 진군하는 로마 군대가
보인다. 로마 군대는 예루살렘의 성곽, 기반 시설, 성전 등 모든 것을
철저하게 파괴했으며, 만 명이 넘는 이들을 십자가에 처형했다.

소용돌이 속의 갈릴리

전통적으로 로마인들은 정복한 지역에서 토착 귀족이나 왕들을 내세워 간접 통치를 하는 방식을 취했습니다. 말하자면 로마의 환심을 얻기 위해 경쟁하는 토착 세력 가운데 로마를 섬길 '가신 왕'(client king)을 선택해서 그들로 하여금 로마를 대리하여 다스리게 했습니다. 팔레스타인 지역에서 로마인들은 헤롯 가문의 왕들과 예루살렘 성전의 대제사장*들을 지배자들로 임명했습니다. 이들은 토착 귀족으로서 로마의 환심을 얻어 유다와 갈릴리, 사마리아 지역을 지배했습니다. 일반적으로 로마 제국의 수탈 방식은 식민 도시를 새로 건설하거나 재건해서 그 도시를 중심으로 지역 농촌 마을의 물자를 조공 형태로 빼앗아 가는 것이었습니다.

예수가 활동한 갈릴리 지역에서 로마를 대리했던 헤롯 가문의 왕들은 식민 도시 세포리스를 재건했고, 티베리아스를 새로 건설했습니다. 세포리스는 페르시아 시대부터 로마 시대에 이르기까지 제국의 정권들이 갈릴리를 통치하고 세금을 걷는 발판으로 삼던 주요 행정 도시였습니다. 그리고 티베리아스는 기원후 18년 헤롯 대왕의 아들 헤롯 안티파스가 갈릴리 호수 서쪽에 건설한 도시입니다. 로마 황제 티베리우스(기원전 42~기원후 37)의 이름을 딴 이 도시는 로마 시대 내내 행정 도시로 기능했습니다.

* 하나님에게 제사 지내는 일을 맡아보던 성직자. 가장 높은 종교 지도자로 정치권력도 함께 행사했다.

세포리스는 예수의 고향인 나사렛과 가까운 곳에 있었고, 티베리아스는 예수 선교의 중심부이던 가버나움과 갈릴리 호수를 맞대어 있었습니다. 그러므로 이 두 도시의 성격과 행태는 예수의 갈릴리 선교와 활동에 큰 영향을 끼쳤을 것입니다.

유다와 갈릴리의 통치자들은 이 도시들에서 무절제한 생활을 했습니다. 헤롯 안티파스는 예전에 도시가 없는 시골 지역이던 갈릴리에 로마식 왕궁을 짓고 수도를 건설했습니다. 또한 아버지 헤롯 대왕을 따라 로마식 원형 경기장과 신전들을 세우는 등 거대한 건축 사업을 벌여 로마 황제에게 바쳤습니다. 이 때문에 갈릴리 주민들은 경제적으로 고갈되었고, 자신들의 고혈을 짜내 호화롭고 무절제하게 사는 왕과 귀족들의 모습을 눈앞에서 보게 되었습니다.

고대 이스라엘은 솔로몬(고대 이스라엘 왕국의 3대 왕)이 죽은 뒤 남쪽의 유다 왕국과 북쪽의 이스라엘 왕국으로 갈라졌습니다(기원전 933년). 이 가운데 북쪽의 이스라엘 왕국은 기원전 721년 아시리아 제국에 망하고, 남쪽의 유다 왕국은 기원전 587년 바빌로니아 제국에 멸망합니다. 그런데 두 왕국이 모두 멸망하고 제국들의 지배를 받으면서도 예루살렘이 있던 유다에서는 다윗(이스라엘 왕국의 전성기를 이룬 왕) 왕조의 전통이 유지되었습니다. 예루살렘 성전이 여전히 통치의 중심이었고, 봉건적인 귀족 세력도 남아 있었습니다.

그러나 이스라엘 왕국에 속했던 갈릴리 사람들은 식민 세력의 지배는 받았어도 로마가 점령하기 전에는 토착 지배자에 의한 수탈이 거의 없었습니다. 갈릴리 사람들은 성전세*와 조세를 바치고 나면 비교적 자립적인 마을 공동체의 삶을 보장받을 수도 있었습니다. 또한 갈릴리 사람들은 예루살렘의 엄격한 정결의식이나 다윗 왕조 이데올로기에서 비교적 자유로웠습니다. 대신 갈릴리에는 자유롭고 평등한 모세** 시대의 전통이 살아 있었습니다. 토착 귀족 체제가 발달하지 않았기 때문에 평민들끼리의 삶은 오히려 비교적 자유롭고 평등했습니다. 마치 조선 시대 함경도나 평안도 등 상민들의 지방이 신분 차별도 별로 없고 노비 제도도 덜 착취적이던 것과 비교할 수 있을 것입니다. 그래서 갈릴리 지방에서는 로마의 지배에 항거하는 소요가 다른 지역보다 더욱 빈번하고 격렬하게 일어났습니다. 아마 예수도 이런 혁명의 기운 가운데서 자랐을 것입니다.

삶의 토대인 모세 계약을 흔드는 세 겹의 구속

이른바 '모세 계약'은 이스라엘 민족에게 촌락 공동체의 삶을 위한 토대였습니다. 구약 성서에는 모세를 통한 하나님과 이스라엘 민족의 계약이 나옵니다. 이는 하나님이 이스라엘 민족을 선

* 20세가 넘는 유대인 남성이라면 누구나 예루살렘 성전에 해마다 한 차례 은으로 된 동전을 세금으로 바쳐야 했다.
** 기원전 13세기경에 이스라엘 민족을 이집트의 노예 상태에서 해방시킨 민족 지도자. 신의 규범을 받아 이스라엘 민족에게 전함으로써 이스라엘의 전통을 확립했다.

택해서 그들에게 십계명을 포함한 율법(신의 이름으로 정한 규범)
을 내려 그것을 지키도록 명령하고, 이스라엘 민족은 그 약속을
지키며 하나님에 대한 믿음 안에 머물러 살아간다는 것입니다.
이 모세 계약은 마을 공동체를 유지하는 사상이자 토대였습니다.

　　모세 계약의 핵심을 이루는 계명에는 매우 해방적이고 약자
를 보호하는 내용이 들어 있습니다. 예를 들어 안식일법과 안식
년법,* 노예 해방법,** 희년법,*** 과부와 고아에 대한 보호법**** 등이

---

* 안식일법은 6일 동안 일하고 7일째는 안식일로 정해 쉬는 것을 말한다. 안식일에는
노예에게도 일을 시키지 않으며 해방의 시간을 함께 나눈다. 안식년은 농토를 6년 동
안 경작하고 7년째에는 놀리는 제도. 땅을 쉬게 하는 이유는 땅의 기능을 회복하기
위해서지만, 그와 함께 경제적 약자들에게 나누어 주기 위해서이기도 하다. 성서에는
"너희는 여섯 해 동안은 밭에 씨를 뿌려서 그 소출을 거두어들이고, 일곱째 해에는 땅
을 놀리고 묵혀서 거기서 자라는 것은 무엇이나 가난한 사람들이 먹게 하고……"(출애
23:10~11)라고 나와 있다.

** 6년의 노동을 한 노예를 7년째인 안식년에는 풀어 준다. 성서에는 "남자든지 여자
든지 너희에게 팔려 와서 여섯 해 동안 너희를 섬겼거든, 일곱째 해에는 그에게 자유를
주어서 내보내라. 자유를 주어서 내보낼 때에, 빈손으로 내보내서는 안 된다. 너희는
주 너희의 하나님으로부터 복을 받은 대로, 너희의 양 떼와 타작마당에서 거둔 것과 포
도주 틀에서 짜낸 것을 그에게 넉넉하게 주어서 내보내야 한다."(신명 15:12~14)고
나와 있다. 빈손으로 내보내면 먹고살 수 없어 다시 노예가 될 수 있기 때문에 넉넉하
게 주라고 한 것이다. 노예가 일상적이던 고대 사회에서 이는 아주 혁신적인 것이라 할
수 있다.

*** 희년이란 50년마다 돌아오는 기쁨의 해를 말한다. 희년에는 땅과 집을 원래 소유주
에게 돌려주고, 노예가 된 이를 해방시킨다. 그래서 희년이 되면 가난 때문에 땅이나
집을 팔아야 했던 이들에게 그것을 돌려주었고, 빚 때문에 노예가 된 이는 해방되어 가
족의 품으로 돌아갈 수 있었다. 이것은 약자를 희생시켜 부를 축적하는 방식을 주기적
으로 중단시키는 것이다. 이 법 덕분에 가난한 자들은 경제적으로 다시 출발할 수 있는
기회를 얻고, 사회는 평등한 공동체를 회복할 수 있었다.

**** 과부와 고아는 사회적 약자다. 성서에는 이들을 보호하기 위한 다양한 권고가 있다.

있습니다. 이것들은 농업에 기반한 마을 공동체에서 나눔과 협동으로 살아갈 수 있게 하는 규범이었으며, 이스라엘은 이것을 하나님에게서 받았다고 고백했습니다.

모세 계약의 해방적 계명들은 강자의 수탈 체제에 맞서 약자인 갈릴리와 유다 지역의 농민들이 근본적인 사회적·경제적 권리를 주장할 수 있는 근거였습니다. 이 계명들은 하나님의 명령이라는 종교적인 형식을 하고 있지만, 사회 기능 면에서 본다면 시골의 마을 공동체의 삶을 보호하고 경제적인 관계를 회복하는 데 그 강조점이 있습니다. 십계명 중 뒤에 나오는 여섯 계명도 소수가 다른 사람들에게 세도를 부리는 것을 막고, 개별 가족이 공동체 속에서 살아갈 수 있도록 보호하는 기능을 했습니다. 살인과 도둑질, 이웃에 대한 거짓 증언을 금지하는 계명들은 단순히 도덕 훈계가 아닙니다. 그것은 소수 권력자의 폭력에서 가족을 보호했습니다. 또한 부모를 공경하고 간음하지 말라는 명령은 모든 사회관계의 기초인 가정을 든든히 하는 것과 관련되어 있습니다. 이런 점에서 모세 계약은 고대 이스라엘에서 농민 사회의 '도덕적 경제'를 이룬 바탕이었습니다(호슬리, 『예수와 제국』, 190~191쪽).

밭에서 수확할 때 곡식 한 묶음을 잊고 남겨 두었더라도 그것을 가지러 되돌아가서는 안 되며, 포도를 수확할 때도 남김없이 따서는 안 된다고 정하고 있다. 그 이유는 그것을 고아와 과부의 몫으로 남겨 두기 위해서다. 또한 성서에는 고아나 과부를 괴롭히면 안 된다(출애 22:22)고 나와 있으며, 이들에게도 재판을 공정하게 하라(신명 27:19)고 말한다.

율법을 설명하는 모세

모세(왼쪽)가 사람들에게 율법을 설명하는 모습을 담은 그림으로, 중세 초기
성서에 들어 있는 것이다. 모세 계약에는 협동과 평등의 정신이 담겨 있으며,
이는 공동체를 유지하는 기능을 했다.

유다와 갈릴리의 촌락민들은 가족의 근본적인 권리를 보장하는 모세 계약의 원칙에 따라 살고 있었습니다. 그리고 대부분 촌락 공동체의 삶에 뿌리박고 있던 예언자*들은 이러한 모세 계약 전통을 왕과 귀족, 성전 관리들에게까지 적용했습니다. 그래서 이러한 모세 계약 전통은 이 지역 농부들에게 든든한 삶의 토대가 되어 주었습니다.

그러나 이제 로마 제국을 섬기는 헤롯 가문의 왕들은 갈릴리 사람들의 눈앞에서 호화롭고 사치스러운 생활을 하고, 수많은 건축물을 지으며 도시를 건설해 갈릴리 주민들을 수탈했습니다. 로마 또한 빵과 서커스로 대중의 환심을 얻기 위해서 막대한 양의 재화가 필요했고, 피정복 민족인 갈릴리 농민을 더욱 수탈했습니다.

갈릴리 지역의 가난한 농민들에게 로마 제국의 지배는 군사적인 공포이자 여러 층의 수탈자를 두게 되는 것을 의미했습니다. 이전에는 유다·사마리아·갈릴리의 농민들이 한 통치자, 즉 하스몬 가문**의 대제사장 아래 살았습니다. 그런데 이제는 갑자기 3중의 지배자들에게 예속되었고, 그 셋 모두에게서 경제적인 요구를 받게 되었습니다. 다시 말해 그들은 예루살렘 성전에

---

* 미래를 예측하는 이가 아니라, 하나님을 대신하여 현실에 대해 말하는 사람이다. 예언자는 시대를 비판해 하나님의 질서를 현실에 가져오고자 한다.
** 헤롯 가문 이전에 팔레스타인 지역을 지배했던 가문. 하스몬 가문의 지배 아래에서는 대제사장이 통치자 역할을 했다.

성전세·십일조·헌물을 바치고, 헤롯에게는 세금을 내며, 로마인들에게는 조공을 바쳐야 했습니다.

자율적인 삶을 수백 년 동안 유지해 오던 촌락 공동체가 로마 제국의 노예제 경제 체제로 통합되면서 갈릴리 농민들과 유다 주민들의 전통적인 생활 방식은 심각하게 위협받게 되었습니다. 복음서에 나오는 빚과 굶주림에 관한 많은 언급은 이러한 상황을 반영하고 있습니다.

가족을 되살리고 연대감을 키우는 예수의 하나님 나라 운동

1세기 유다와 갈릴리 민중은 목자 잃은 양처럼 어찌할 바를 몰랐으며, 그들의 삶은 자꾸만 무거워지는 세금과 국가의 폭력 앞에 무너져 가고 있었습니다. 이러한 상황에서 뜻있는 지식인이나 지도자들이 종종 나타나 민족의 삶을 회복하는 꿈을 제시했습니다. 바로 예언자들, 종말론적 환상가들, 종교적 영성을 통한 갱신을 부르짖는 사람들이었습니다. 당시 유대인들에게는 예수도 그 가운데 한 사람으로 보였을 것입니다.

한 가지 주의해야 할 것은 여기서 말하는 예수는 기독교 교리나 신약 성서 저자들의 신학으로 해석된 그리스도(메시아)가 아니라, 1세기 팔레스타인이라는 구체적인 역사 속에서 살아 숨쉬던 인물로서의 예수라는 점입니다.

그렇다면 예수는 어떤 활동을 한 것일까요? 우리가 복음서들(마태, 마가, 누가, 요한복음)을 바탕으로 알 수 있는 예수의 활동은 일종의 공동체 회복 운동이라고 볼 때 가장 잘 이해할 수 있습니다. 예수가 꿈꾸고 실현하기 위해 노력했던 새로운 세상은 그 무렵 유대인들이 기다리던 '하나님 나라'라는 말로 표현되었습니다. 갈릴리 민중은 오랜 세월 자신들의 전통, 즉 모세 계약의 전통에 따라 살아오던 마을 공동체의 삶이 파괴되는 위협 속에 놓여 있었습니다. 예수는 로마 제국의 지배 아래 위기에 빠진 나눔과 협동의 공동체적 삶을 부활시켜 서로 돕는 사회관계를 회복시키고자 했습니다. 또한 폭력에 기반한 로마 제국과 그 가신 왕들의 통치 때문에 자긍심을 잃고 갈가리 찢긴 민중의 마음을 치유하여 주체적인 삶을 회복시키고자 했습니다.

복음서들에 나오는 예수의 많은 가르침은 농촌 마을 공동체의 삶을 배경으로 하고 있습니다. 마가복음서에 따르면 예수는 주로 마을 공동체를 무대로 활동했고, 선교 초기 갈릴리에서 활동 거점으로 삼은 가버나움 역시 시골 마을이었습니다(마가 1:21, 2:1, 6:6). 예수는 티베리아스 맞은편에 위치한 이 마을을 거점으로 그 지역의 다른 마을들에 쉽게 접근할 수 있었습니다. 따라서 예수가 만났던 사람들 또한 대부분 시골 마을에 사는 주민들이었습니다.

호슬리는『예수와 제국』,『갈릴리: 예수와 랍비들의 사회적 맥락』이라는 책에서 예수의 하나님 나라 운동의 의미를 당시 팔레스타인 농민들의 삶과 관련해서 해석합니다. 복음서의 이야기들은 사람들이 빚에 쪼들리고 굶주렸으며 미래를 향해 헤쳐 나아갈 힘을 갖지 못한 채 상황에 절망하고 있었음을 보여 줍니다. 어떤 사람은 '로마의 군대 귀신'에 사로잡혀 자기 파괴적인 행동을 하기도 했습니다(마가 5:2~5). 또 어떤 이들은 빚에 쪼들려 가족이 노예로 팔려 가거나 토지에서 쫓겨났습니다. 이렇게 사회의 기본 바탕을 이루는 가정과 마을 공동체가 무너졌습니다. 이것은 오늘날 거듭되는 경제 위기와 양극화 탓에 가정이 파괴되고 공동체가 와해되는 것과 비슷한 맥락으로 이해할 수 있을 것입니다. 경제적 착취는 민중의 삶을 파괴하며, 그것은 언제나 가정의 파괴, 공동체의 파괴와 연결됩니다.

예수의 하나님 나라 운동은 삶의 기반이 무너져 가는 이들을 향한 것이었습니다. 예수는 로마의 군사 폭력과 경제 착취 때문에 찢긴 상처를 치유하고, 무너진 공동체의 문화적 전통과 활기를 되살리는 활동을 했습니다. 그것은 옛날 그곳 주민들이 모세계약의 평등주의 전통에 따라 살아왔던 방식, 즉 함께하며 서로 돕는 삶을 되살리는 것이었습니다.

예를 들어, 예수가 귀신을 쫓아낸 것은 로마 제국의 폭력이 가져온 몸과 마음의 상처를 치유하는 것이었습니다. 나아가 지금까지 스스로를 옭아 왔던 노예적 습관에서 벗어나 민중적 생명력을 해방시키는 과정이었습니다. 사람들은 극심한 고통을 당하면 내적으로 망가져서 자긍심을 잃고 자기가 당하는 고통에 대해 자기 자신을 비난하게 됩니다. 예수는 병든 자를 고칠 때마다 "네 죄가 사해졌다."는 말을 했습니다. 이 말은 자신을 비난하며 스스로를 옥죄던 사람들을 마음의 감옥에서 풀어 주고 그들에게 새로운 삶의 기운을 불어넣었습니다(마가 2:1~9). 이러한 해방의 과정을 통해 예수는 민중을 향한 하나님의 자비를 드러내고, 고통과 시련으로 절망한 민중에게 하나님 나라를 제시해 희망을 품을 수 있게 했습니다.

또한 물 위를 건너고 풍랑을 잠잠하게 하며 여러 명이 빵과 물고기를 나누어 먹는 나눔의 기적에 관한 이야기들은, 이스라엘 역사 속에서 기적적으로 바다를 건너고 광야에서 먹을 것을 얻었던 기억을 불러일으켰습니다. 이는 사람들에게 새로운 이집트 탈출 사건*이 진행되고 있다는 희망을 주었을 것입니다.

예수는 가족과 마을 공동체의 삶과 관련해서도 많은 가르침을 주고 있습니다. 즉 예수는 무너진 가정을 회복하고 사회적 연대감을 더욱 강화하기 위해 노력했습니다. 이때 예수의 가르침은 대부분 모세 계약의 기본적인 규정들에 근거해 있습니다. 예컨대 마가복음서 10장에는 이혼 문제에 대해서 이혼해서는 안 된다는 창세기의 규정(창세 1:27)에 근거해 가르치고, 영생을 얻고자 하는 부자 청년의 질문에는 신명기의 말씀(신명 5:16~20)에 근거해 가르치는 장면이 나옵니다. 또한 당시 예루살렘 성전에서는 부모를 공경하는 것보다 하나님을 섬기는 것이 우선이라

---

* 이집트에서 노예로 힘든 생활을 하던 유대인들이 모세의 지도에 따라 극적으로 탈출한 사건. 탈출한 뒤 유대인들은 팔레스타인 지역에 자리 잡게 되었다. 출애굽 사건이라고도 한다.

고 가르치고, 부모를 섬기는 대신 예루살렘 성전에 고르반이라는 재물을 바치라고 요구했습니다. 그러나 예수는 "네 아버지와 어머니를 공경하라."는 모세 계약의 기본 명령으로 돌아가라고 가르치며, 예루살렘 성전을 후원하도록 종용하는 지배 체제의 요구를 거부했습니다(마가 7:1~13). 가정이 성전을 후원하는 일보다 우선한다고 주장한 것입니다.

앞에서 말한 것처럼 예수는 이혼을 금지했습니다(마가 10:1~12). 그 무렵 예루살렘의 상류 계급은 이혼과 재혼을 반복하며 토지를 합병하곤 했습니다. 이것은 그 토지에 딸린 가난한 소작민들의 삶에는 재앙이었습니다. 이런 상황에서 예수는 남편과 아내는 하나라는 창세기의 창조 이야기에 호소하면서 이혼과 재혼을 금지했고, 가족이라는 유대 관계가 안정적인 사회를 이루기 위한 핵심이라는 점을 확인해 주었습니다. 물론 예수의 이러한 이혼 금지 규정을 오늘날 여성의 관점에서 문자 그대로 받아들여 적용하기는 어렵습니다. 이것은 제국의 경제적 수탈로 파괴되어 가던 가정을 옹호한다는 그 시대의 정황과 관련해서 이해해야 합니다.

그리고 예수는 혈연적인 가족을 확대하여 사회적 연대를 강화하도록 촉구했습니다(마가 3:31~35). 예수는 "누구든지 하느님의 뜻을 행하는 사람이 곧 내 형제요 자매요 어머니다."(마가 3:35)라고 했습니다. 이는 가족이 해체되는 상황에서 사회적 단위로서 가족을 강화하고, 사회적 연대를 형성하도록 격려하는 것입니다. 이처럼 가족과 마을 공동체의 전통적인 삶을 부활시키는 것은 갈릴리의 작은 시골 마을들에서 벌인 예수의 하나님 나라 운동의 핵심이었습니다.

　이러한 노력으로 오래된 계약 공동체는 부활하고, 해체되어 가던 공동체들이 서로 돕고 나누는 삶을 회복할 수 있게 되었습니다. 그리하여 말 그대로 하나의 새로운 물결, 새로운 운동이 태동하게 된 것입니다.

협동과 평등의 전통을 살려 제국의 질서에 도전하다

예수의 하나님 나라 운동은 로마 제국의 질서에 저항하는 것이기도 했습니다. 그는 갈릴리 촌락 공동체 사람들에게 군사적 폭력과 3중의 경제적 수탈을 의미했던 로마 제국의 지배가 하나님의 심판 아래 있다고 선언했습니다. 또한 예수는 하나님이 이미 그 백성들의 삶과 그들의 공동체 속에서 활동하고 계신 것으로 이해했습니다. 로마의 지배자들·헤롯 가문의 왕들·대제사장들이 하나님의 유죄 선고를 받았기 때문에, 예수는 제국의 파괴적인 영향을 치유하고 그들의 공동체 생활을 재건하도록 백성을 일깨우는 일을 시작할 수 있었습니다. 즉 예수는 하나님 나라가 임박했다고 확신했으며, 그러한 확신 속에서 기본 생활 단위였던 마을 공동체들에서 평등하고 서로를 지원하는 사회관계를 세우도록 촉구하는 운동을 밀고 나갔던 것입니다.

　그리고 예수가 모세 계약을 다가올 하나님 나라의 윤리적 근거로 제시하고 있다는 점에서, 예수가 제시한 하나님 나라의 미래는 사실상 그들이 공유한 과거에 있었습니다. 이 점에서 모세 계약의 전통은 '오래된 미래'였으며, 미래의 하나님 나라의 원천은 그 옛날 이스라엘의 전통 안에 있었습니다. 예수는 억압적인 외국의 통치에 저항하기 위한 근거들을 그 시대에 유행하던 외국의 조류나 신조어가 아니라 이스라엘 전통 속에서 찾았고, 서로 돕는 공동체 생활의 원리들도 그 속에서 찾았습니다. 예수는 평등한 사회관계를 가능하게 해 주는 가르침들을 모세 계약 전통이라는 넉넉한 지혜의 저장고에서 발견했던 것입니다.

이러한 하나님 나라 운동을 통해 예수는 갈릴리 농민들에게 사회적 변혁 속에서 스스로 자기 삶의 주인이 되라고 요청했습니다. 하나님이 심판과 구원을 통해 그들 편에서 활동하고 계시기 때문에 그들은 이제 서로를 분열시키는 행동을 자제하고 다시 협동하는 삶을 살게 되었습니다. 그들 모두를 피폐하게 만든 가난에 대해 서로 비난하는 것이 아니라 서로를 도울 수 있게 되었습니다. 또한 이웃에 대한 의심과 원한 대신 연대의 정신을 되살릴 수 있게 되었습니다. 사람들의 가난과 절망을 이용해 이웃을 속이고 착취하는 부자들의 행태를 따라 하는 것이 아니라, 하나님이 그 백성을 회복시키는 행동이 임박했다는 확신 속에서 그들은 오래전 모세 계약의 협동적인 원리들에 새롭게 헌신하기로 한 것입니다. "제국의 지배 행태, 즉 '큰 자들'이 다른 사람들에게 권력을 휘두르는 행태를 모방하는 대신에, 지도자의 위치에 있는 사람들이 다른 사람들의 종이 되어야만 했던 것입니다."
(호슬리, 『예수와 제국』, 209쪽)

산
위의
예수

행복하여라, 가난한 사람들! *1*

마태복음서와 누가복음서, 복 선언의 차이

앞에서는 신약 성서의 배경이 되는 역사와 그러한 역사 속에서 예수의 하나님 나라 운동이 어떠한 성격을 띠는지 설명했습니다. 이제는 예수의 가르침으로 직접 들어가, 그중에서도 유명한 것 몇 가지를 골라서 살펴보고자 합니다.

먼저 산상 설교의 첫 부분을 보겠습니다. 흔히 산상 설교 또는 산상 수훈이라고 하는 가르침은 마태복음서 5~7장에 나옵니다. 이것은 이른바 '복(행복) 선언'이라는 것으로 시작합니다.

"마음이 가난한 사람은 복이 있다. 하늘나라가 그들의 것이다. 슬퍼하는 사람은 복이 있다. 그들이 위로를 받을 것이다. 온유한 사람은 복이 있다. 그들이 땅을 차지할 것이다. 의에 주리고 목마른 사람은 복이 있다. 그들이 배부를 것이다. 자비한 사람은 복이 있다. 그들이 자비함을 입을 것이다. 마음이 깨끗한 사람은 복이 있다. 그들이 하나님을 볼 것이다. 평화를 이루는 사람은 복이 있다. 그들이 하나님의 자녀라고 불릴 것이다. 의를 위하여 박해를 받은 사람은 복이 있다. 하늘나라가 그들의 것이다. 너희가 나 때문에 모욕을 당하고 박해를 받고 터무니없는 말로 온갖 비난을 받으면 너희에게 복이 있다. 너희는 기뻐하고 즐거워하여라. 하늘에서 받을 너희의 상이 크기 때문이다. 너희보다 먼저 온 예언자들도 이와 같이 박해를 받았다."
(마태 5:3~12)

이 내용은 누가복음서 6장에도 나옵니다. 그런데 복 선언은 네 가지뿐이고, 대신 복 선언에 상응하는 네 가지 '화(불행) 선언'이 더해진 형태로 나옵니다.

"너희 가난한 사람은 복이 있다. 하나님의 나라가 너희의 것이다. 너희 지금 굶주리는 사람은 복이 있다. 너희가 배부르게 될 것이다. 너희 지금 슬피 우는 사람은 복이 있다. 너희가 웃게 될 것이다. 사람들이 너희를 미워하고, 인자 때문에 너희를 배척하고 욕하고 누명을 씌울 때에 너희는 복이 있다. 그날에 기뻐하고 뛰놀아라. 보아라, 하늘에서 받을 너희의 상이 크다. 그들의 조상이 예언자들에게 이와 같이 행하였다.

그러나 너희 부유한 사람은 화가 있다. 너희가 너희의 위안을 이미 받았기 때문이다. 너희 지금 배부른 사람은 화가 있다.

너희가 굶주릴 것이기 때문이다. 너희 지금 웃는 사람은 화가 있다. 너희가 슬퍼하며 울 것이기 때문이다. 모든 사람이 너희를 좋게 말할 때에 너희는 화가 있다. 그들의 조상이 거짓 예언자들에게 그와 같이 행하였다."(누가 6:20~26)

마태복음서에서는 예수가 산 위에 올라가서 말한 것으로 되어 있기 때문에 이것을 '산상 설교'라고 합니다. 그런데 누가복음서에서는 예수가 평지에서 말한 것으로 되어 있습니다. 그렇다면 누가복음서의 경우에는 '평지 설교'가 맞습니다. 오늘날 대부분의 신약 성서 학자들은 예수가 같은 내용의 가르침을 산에서 한 번, 평지에서 한 번 말했다고 보지는 않습니다. 복음서 저자인 마태와 누가가 예수의 가르침을 기록한 자료를 각자 자신의 복음서 안에 다르게 배열한 것이라고 봅니다.

마태복음서의 산상 설교와 누가복음서의 평지 설교는 둘 다 그들이 공통으로 사용했지만 지금은 전해지지 않는 어떤 어록 전승으로 거슬러 올라갑니다. 마태와 누가는 각자 자신의 복음서를 쓸 때 주로 예수의 행적에 관해서는 마가복음서를 자료로 삼았습니다. 그리고 예수의 가르침과 관련해서는 마태복음서와 누가복음서에 공통으로 나오는 어떤 어록(Q자료)을 자료로 사용하고, 각자 자기가 가지고 있던 고유한 자료(마태 특수 자료, 누가 특수 자료)를 붙였습니다.

그렇다면 아마 이런 질문을 할 수 있을 것입니다. 마태복음서와 누가복음서 가운데 어느 쪽이 원래 형태를 더 잘 보존하고 있을까요? 이 질문은 어쩌면 어느 쪽이 예수에게 더 근접해 있느냐는 질문과 관련이 있을 것입니다. 이에 대해 학자들은 전반적으로 누가복음서의 복 선언이 원래 형태를 잘 보존하고 있다고 봅니다. 이런 점을 염두에 두고 이제 복 선언의 내용을 살펴보겠습니다.

'가난한 사람들'과 '마음이 가난한 사람들'

이 장의 제목은 '행복하여라, 가난한 사람들!'입니다. 그런데 이 복 선언이 마태복음서 5장 3절에는 "마음이 가난한 사람은 복이 있다."고 되어 있습니다. 그냥 가난한 사람과 마음이 가난한 사람 가운데 누가 행복하다는 것일까요? 이 문제와 관련해서 성서를 놓고 한번 자세히 비교해 볼 필요가 있습니다.

> "너희 가난한 사람은 복이 있다. 하나님의 나라가 너희의 것이다."(누가 6:20)

> "마음이 가난한 사람은 복이 있다. 하늘나라가 그들의 것이다."(마태 5:3)

무엇보다 눈에 띄는 차이는 누가복음서와 마태복음서에서 주어의 인칭이 다르다는 점입니다. 누가복음서에서는 주어가

〈세례 요한의 설교〉 일부

피터르 브뤼헐, 1566년

세례 요한(왼쪽 위)이 야외에서 대중에게 설교하면서 왼손을 뻗어 옅은 하늘색
옷을 입은 예수(오른쪽 위)를 가리키고 있다. 세례 요한도 예수도 떠돌아다니며
대중에게 가르침을 전했다. 예수의 산상 설교의 현장 분위기도 이와 비슷하지
않았을까? 누가복음서의 산상 설교에서는 이런 현장감을 느낄 수 있다.

"'너희' 가난한 사람들"로 되어 있습니다. 즉 2인칭 복수형입니다. 그런데 마태복음서에서는 "그들"로 되어 있고, 주어가 "(그들) 마음이 가난한 사람들"입니다. 즉 3인칭 복수형입니다. 말하자면 누가복음서에서는 청중이 '너희'라고 직접적인 현장감을 가지고 지칭됩니다. 그에 견주어 마태복음서에서는 청중이 '그들'로 일반화되어 있습니다.

둘째로, 누가복음서에는 '하나님의 나라'라고 되어 있는 것이 마태복음서에는 '하늘나라'로 되어 있습니다. 마태복음서, 마가복음서, 누가복음서 세 복음서 가운데 마가복음서가 가장 먼저 쓰였고, 마태복음서와 누가복음서는 마가복음서를 자료로 사용했다고 알려져 있습니다. 그런데 마태는 자기가 자료로 사용한 마가복음서에 나오는 하나님 나라를 하늘나라로 바꾸어 쓰는 습관이 있습니다. 따라서 여기서도 하나님의 나라로 되어 있던 것을 마태가 하늘나라로 바꾸었을 가능성이 높습니다. 이것은 아마도 마태와 그의 청중인 마태 공동체가 유대교 전통에 매우 익숙했기 때문이라고 할 수 있습니다. 왜냐하면 유대교 전통에서는 모세의 십계명 가운데 1계명인 "너희 하나님, 주의 이름을 함부로 부르지 말라."는 명령에 따라 '하나님'을 그 대체어인 '하늘'로 바꾸었기 때문입니다.

그러나 마태복음서와 누가복음서의 가장 중요한 차이는, 누가복음서의 "가난한 사람들"이 마태복음서에는 "마음이 가난한 사람들"로 되어 있다는 점입니다. '가난한 사람들'이라고 번역된 그리스어 프토코이ptochoi는 '오그라들다', '쭈그리고 앉다'를 뜻하는 동사 ptosso에서 유래하는 형용사의 명사적 용법으로, 원래는 '거지' 또는 '극빈자'를 뜻합니다. 따라서 누가복음서의 평지 설교에서는 경제적으로 매우 가난한 사람들이 복이 있다고 말하는 것입니다. 이것은 누가복음서의 경우 '복'과 짝을 이루는 '화'를 선언하는 첫머리에 "그러나 너희 부유한 사람은 화가 있다."라고 되어 있는 것에서도 분명히 알 수 있습니다.

그런데 마태복음서에서는 가난한 사람들이라는 표현 앞에 "마음이"라는 말이, 더 정확하게 그리스어를 직역하면 "영에 있어서"라는 말이 가난한 사람들을 한정합니다. 이러한 표현 방식은 사실 그리스어에서는 드뭅니다. 그리스어로 옮겨지기 전 원래 예수가 말했던 아람어 단계에서는 이것에 해당하는 히브리어 표현이 있다고 합니다. 흔히 20세기 최대의 고고학적 발견이라고 하는 사해 문서* 가운데 그리스어 ptochos toi pneumati(영에 있어서 가난한 사람)에 그대로 해당하는 히브리어 표현인 anan ruah가 나타납니다. 이것은 '정신에 있어서 가난한 사람', '하나님 앞에서 구걸하며 서 있는 사람', '마음이 겸손한 사람'을 뜻합니다. 마태복음서의 산상 설교에는 이 밖에도 사해 문서의 용법

---

* 1947년 이래 이스라엘 사해 근처에 있는 쿰란 지구의 동굴 등지에서 발견된 히브리어 구약 성서를 비롯한 900여 편의 다양한 문서를 말한다. 기원전 3세기부터 기원후 1세기 무렵까지의 이 문서들에서 거의 모든 구약 성서의 문헌이 발견되었는데, 구약 성서 연구나 기독교 성립 전후의 유대교를 아는 데 중요한 자료가 된다.

과 비슷한 표현이 많습니다. 그렇다면 마음이 가난한 사람이라는 말이 원래는 '정신적으로 하나님만 신뢰하는 사람', '마음이 겸손한 사람'이라는 뜻이었다고 볼 수 있을 것입니다.

이렇게 보면 마태복음서와 누가복음서 사이에는 단순히 언어의 차이뿐 아니라 내용의 차이가 눈에 띕니다. 마태복음서에서는 누가복음서의 경제적 가난이라는 의미가 후퇴하는 대신 정신적 가난, 즉 겸손이라는 윤리적 태도로 의미가 변했습니다. 그리고 이 첫 번째 복 선언에 나타나는 내면화·윤리화 경향이 다른 복 선언들에도 나타납니다. 예를 들어 누가의 두 번째 복 선언과 대칭되는 마태의 네 번째 복 선언은 다음과 같습니다.

"너희 지금 굶주리는 사람은 복이 있다. 너희가 배부르게 될 것이다."(누가 6:21a)

"의에 주리고 목마른 사람은 복이 있다. 그들이 배부를 것이다."(마태 5:6)

위의 두 구절을 보면 누가복음서에는 "지금 굶주리는 사람"은 복이 있다고 되어 있는 반면, 마태복음서에는 "의에 주리고 목마른 사람"은 복이 있다고 되어 있습니다. '목마른'이라는 말 앞에 더 중요한 '의'라는 목적어가 붙어 있습니다. 여기서 '의'란 하나님과 인간 사이의 올바른 관계를 뜻합니다. 이는 복음서 저자 가운데 특히 마태가 좋아하는 개념입니다. 따라서 마태복음서에서는 누가복음서의 '배가 고픈 사람'이 '의에 주리고 목마른 사람'으로 대체됨으로써 내면화·윤리화의 경향을 보입니다.

이런 경향은 그 뒤에 나오는 복 선언들에서도 확인할 수 있습니다. 누가복음서에서는 구체적으로 "지금 슬피 우는 사람이 복이 있다."(누가 6:21)고 하는 반면, 마태복음서에서는 일반화해서 "슬퍼하는 사람은 복이 있다"(마태 5:4)고 합니다. 또한 누가복음서에는 나오지 않고 마태복음서에만 복 선언의 대상으로 나오는 '온유한 사람', '자비한 사람', '마음이 깨끗한 사람'은 모두 인간의 내면과 관계가 있습니다. 즉 실제 고통으로서 가난, 굶주림, 목마름보다는 정신적인 의미가 마태의 관심사였습니다. 말하자면 마태는 사람들에게 윤리적 변화를 재촉했던 것입니다.

그렇지만 본디 예수의 가르침은 누가복음서가 원형을 더 잘 보존하고 있는 "너희 가난한 사람은 복이 있다."입니다. 그리고 이때 '너희'란 당시 가난하고 굶주리고 '지금' 차별당하며 울고 있는 시골 마을의 가난한 농민들입니다. 이제 이들의 삶과 관련해 이 말이 무엇을 의미했을지 생각해 봅시다.

삶을 옥죄는 율법과 권력에 대한 비판

당시 로마 제국은 속주 시리아의 변방에 있는 유다에 웬만큼 자치를 허용했습니다. 유대 자치 기구의 중심은 종교적으로는 예루살렘 성전, 정치적으로는 산헤드린*이었습니다. 그렇지만 실질적으로는 로마의 환심을 산 헤롯 가문이 양쪽을 다 지배하고 있었습니다. 왜냐하면 유대 의회이자 법정인 산헤드린의 중심 세력이 사두개파 대제사장들이었고, 그 대제사장을 선출할 권한이 헤롯 왕에게 있었기 때문입니다.

그 무렵 예루살렘 성전은 세습 신분인 사제 귀족과 레위인이라고 불리는 하급 사제들이 장악하고 있었습니다. 그리고 산헤드린을 차지한 이들은 종교적으로는 대제사장과 제사장들, 경제적으로는 대토지 소유자들이던 장로들, 그리고 율법학자(랍비)들이었습니다. 율법학자들은 지식 계급으로서 예루살렘 성전 체제를 뒷받침하고 도시 중소 수공업자의 이해를 대표했습니다. 이 율법학자들은 대다수 부정한 백성과 자신들을 분리해서 종교적 정결을 자랑했던 바리새파에 속했습니다. 바리새파는 '분리된 자'를 뜻하는 히브리어 페루심perushim에서 유래한 이름입니다.

성전을 장악한 세력과 산헤드린 의원들은 권력을 차지하고 민중을 차별했습니다. 나아가 자신들의 이념적 대변자인 율법학자들을 통해 자신들의 체제를 정당화했습니다. 이때 유대 지배 세력과 율법학자들이 민중을 부정하다며 차별할 때 내세운 가장 중요한 근거가, 구약 성서에 나온 율법과 율법학자들이 율법을 해석하여 만든 시행 세칙들을 민중이 지키지 않는다는 것이었

* 고대 유대의 최고 의결 기관. 입법, 사법, 행정 기능을 모두 했으며 71명의 의원으로 구성되었다.

습니다. 원래 모세 계약을 통해 주어진 율법은 고대 이스라엘 농민의 자율적인 나눔과 협동의 삶에 근거한 것이었습니다. 그런데 그것이 오랜 세월 지배 세력의 전문가 집단인 율법학자들에게 독점되면서 수많은 시행 세칙들로 세분되고, 민중을 지배하기 위한 도구가 되었습니다. 원래 농민들의 자율적 삶의 원리이던 것이 민중을 혼내고 지배하는 도구로 변질된 것입니다.

가난한 농민들은 율법을 지키지 않았던 것이 아니라, 지킬 수 없는 상황이었습니다. 그들은 로마 당국에 인두세와 간접세를 징수당하고, 유대 자치 기관에는 성전세와 십일조를 내야 했습니다. 뿐만 아니라 점점 늘어나는 대토지 소유자들의 투기 때문에 심각한 피해를 입었습니다. 이런 상황에서 율법을 지킬 수 없는 것은 당연했습니다.

이들이 부정하다고 취급받은 데에는 또 다른 이유도 있었습니다. 이들은 병든 사람과 장애인을 접촉하며 살 수밖에 없었는데, 율법은 이것을 부정하다고 규정했습니다. 게다가 질병과 장애는 당사자나 그 부모가 율법을 범했거나 오염되었기 때문이라고 여겨졌습니다. 즉 그들이 병과 장애의 고통을 겪는 까닭은 죄를 저질렀기 때문이라는 것입니다.

이것은 고통의 모든 원인과 책임을 당사자에게 돌리는 것입니다. 이렇게 되면 그들이 느끼는 고통의 무게는 더욱 무거워집니다. 요한복음서에 등장하는 바리새과 사람들은 "율법을 알지 못하는 이 무리는 저주받은 자들이다."(8:49)라고까지 말하고 있습니다. 율법학자들이 속한 바리새파는 이 세상의 종말이 올 때 자기들이 정결한 백성이므로 하나님 나라에 먼저 들어가고, 다수의 부정한 백성은 그곳에 갈 수 없다고 확신했습니다.

이러한 상황에서 예수는 가난한 농민들을 향해 "너희 가난한 사람은 복이 있다. 하나님의 나라가 너희의 것이다."라고 선언한 것입니다. 예수가 약속하는 하나님 나라의 복은 현재를 저당 잡힌 채 미래의 언젠가 주어질 것으로 무작정 기다려야 하는 것이 아닙니다. 즉 예수가 약속하는 하나님 나라의 복은 그의 활동에서 벌써 시작되고 있다는 것입니다. 가난한 사람, 굶주리고 있는 사람, 울고 있는 사람에게 약속한 구원은 예수가 그들과 함께하는 밥상 공동체에서 이미 실현되고 있었습니다. 또 그들이 함께 하나님의 자비를 경험하며 서로 돕는 관계를 회복하는 가운데 이미 현실이 되었습니다. 가난한 사람들에게 이것이야말로 좋은 소식, 즉 복음이었습니다.

하나님 나라의 복이 벌써 시작되었다는 것은 예수와 세례 요한*의 두 제자들 사이에 오간 다음과 같은 문답을 통해서도 알 수 있습니다.

요한의 제자들이 이 모든 일을 요한에게 알렸다. 요한은 자기 제자 가운데 두 사람을 불러 주께로 보내서 "오실 그분이 선생

---

* 예언 활동을 하며 요르단 강물에서 세례를 주는 세례 운동을 펼쳤다.

〈율법학자들과 논쟁하는 어린 예수〉

윌리엄 헌트, 1860년

예루살렘 성전에서 율법학자들(왼쪽)과 논쟁하는 어린 예수(오른쪽)의 모습을
상상해서 그린 그림이다. 율법학자들은 율법 두루마리를 소중하게 안고 있거나
화가 난 표정, 걱정스러운 표정으로 앉아 있다. 예수 옆에 있는 사람은 그의 부모
요셉과 마리아다. 성전 안 화려한 복장의 인물들과 달리, 성전 밖(오른쪽 끝)에는
굶주림에 지친 이와 노역에 시달리는 백성이 있다.

님이십니까? 그렇지 않으면 우리가 다른 분을 기다려야 합니까?" 하고 물어보게 하였다. 그 사람들이 예수께 와서 말하였다. "세례자 요한이 우리를 선생님께로 보내어 '오신다는 분이 선생님이십니까? 그렇지 않으면 우리가 다른 분을 기다려야 합니까?' 하고 물어보라고 하였습니다." 그때에 예수께서는 질병과 고통과 악령으로 시달리는 사람을 많이 고쳐 주시고, 또 눈먼 많은 사람을 볼 수 있게 해주셨다. 예수께서 그들에게 말씀하셨다. "가서 너희가 보고 들은 것을 요한에게 알려라. 눈먼 사람이 보고, 다리 저는 사람이 걷고, 나병 환자가 깨끗해지고, 귀먹은 사람이 듣고, 죽은 사람이 살아나고, 가난한 사람이 복음을 듣는다. 나에게 의심을 품지 않는 사람은 복이 있다."(누가 7:18~23)

예수가 바로 "오실 그분"이고, 예수가 지금 하고 있는 일들 가운데 이미 하나님 나라의 복이 주어지고 있다는 것입니다.

당시 가난한 사람들은 자신들이 놓인 상황에서 고투하며 살아가고 있을 뿐인데, 죄인이라는 낙인이 찍혔습니다. 이들에게 예수가 선포한 하나님 나라에 들어가는 행복은 그야말로 기쁜 소식이었을 것입니다. 반면 가난한 사람들을 부정한 백성으로 차별했던 자칭 정결한 사람들에게 그것은 불행의 소식이었습니다. 누가복음서에서 예수는 네 가지 복을 선언한 것에 이어서 '너희 부유한 사람', '지금 배부른 사람', '지금 웃는 사람', '모든 사람이 좋게 말하는 사람'들에게 화, 곧 불행을 선언합니다. 여기서 부유하고 배부르며 웃는 사람이란 바로 당시 유대 지배층에 속한 사람을 말합니다. 같은 맥락에서 예수는 지배층인 제사장이나 장로를 비롯해 성전 세력과 산헤드린 의원들에게 이렇게 말합니다. "내가 진정으로 너희에게 말한다. 세리와 창녀들이 오히려 너희보다 먼저 하나님의 나라에 들어간다"(마태 21:31). 이것은 예루살렘 성전 체제와 의회, 정치권력에 대한 예수의 강력한 비판입니다. 복 선언과 화 선언은 배부르고 웃고 있는 예루살렘 성전 체제와 헤롯 가문의 지배층과 그 아래에서 굶주리고 울고 있는 민중이라는 구체적인 사회 상황을 배경으로 하고 있습니다.

행복은 이미 조용한 시냇물처럼 흐르고 있다!

여기서 또 주목할 것은 행복을 바라보는 예수의 새로운 생각입니다. 예수는 사람들의 어깨 위에 금지와 의무의 짐을 지우려고 한 것이 아니라, 어떻게 사는 것이 행복한 삶인지 몸소 보여 주고 가르쳐 주었습니다. 예수는 가난한 사람들이 부자가 되고, 슬퍼하는 사람들이 슬퍼하지 않게 되고, 박해받는 사람들이 박해받지 않게 되리라고 약속하지 않았습니다. 나를 비참한 처지에 빠지게 하고 박해하는 사람들을 무찔러 벌주고 복수하게 되리라고 약속하는 것은 더더욱 아닙니다.

예수의 이 행복 선언은 지금 가난하고 슬프고 박해받는 사람이 현실적인 삶의 조건이 바뀌지 않는다 해도 삶 자체를 감사와 기쁨으로 받아들여야 한다는 지혜를 가르쳐 줍니다. 오늘날 우리도 이 땅에서 살아가기가 쉽지 않습니다. 어리거나 어른이 되어도 괴로움은 늘 우리 옆에 있을 것입니다. 물론 우리를 얽어매고 억압하는 잘못된 관행이나 제도는 바꾸기 위해 싸워야 합니다. 그러나 그러한 것들이 바뀌지 않아도 삶은 지속될 수밖에 없습니다. 이처럼 지속되는 삶 속에서 어떻게 사는 것이 행복한 삶인지 예수는 가르쳐 주는 것입니다.

삶은 슬프고 도대체 말이 안 되는 것들로 가득 차 있으며, 정의로운 복수 같은 것은 기대도 할 수 없습니다. 예수는 그래도 하나님이 허락하신 인생은 살 만한 것이며 그저 감사로 받을 뿐이라고, 부당한 폭력과 도무지 이해할 수 없는 고통 가운데서도 행복은 조용한 시냇물처럼 이미 흐르고 있다고 말합니다. 이 인생의 비밀을 안 사람은 질그릇 속에 보화를 간직한 사람이고, 이 행복의 시냇물 소리를 들을 수 있는 사람은 삶 속에 감사와 기쁨이 넘칩니다. 그런 사람은 다른 사람을 향해 "사랑하고 그리워하는 형제요, 나의 기쁨이며 화관"(빌립 4:1)이라고 말할 수 있습니다. 타인이 이웃이 되고 친구가 되는 기적이 일어나는 것입니다. 복 선언을 통해 예수는 이러한 삶의 기적을 말하는 것이 아닐까요?

하늘의 새와 들에 핀 꽃을 보라 2

인간의 의존성과 중심성을 함께 말하는 창조 신앙

구약 성서에 따르면 모든 피조물은 다른 피조물들과 하나님에게 의존해서 살아갑니다. 성서는 이러한 피조 세계에 대한 독특하고 생기 넘치는 찬사로 가득 차 있습니다. 피조 세계 안에서는 서로의 필요가 서로를 돌보게 합니다. 구약 성서 시편에서는 생명 세계를 먹이고 지탱하는 존재로 창조주 하나님을 찬양합니다.

> 주님은 골짜기마다 샘물이 솟아나게 하시어
> 산과 산 사이로 흐르게 하시니
> 들짐승들이 모두 마시고
> 목마른 들나귀들도 갈증을 풉니다.
> 하늘의 새들도 샘 곁에 깃들며
> 우거진 나뭇잎 사이에서 지저귑니다.
> 누각 높은 곳에서 산에 물을 대 주시니

이 땅은 주께서 내신 열매로 만족합니다.

(……)

주께서 심으신 나무들과 레바논의 백향목들이

물을 양껏 마시니,

새들이 거기에 깃들고,

황새도 그 꼭대기에 집을 짓습니다.

높은 산은 산양이 사는 곳이며,

바위틈은 오소리의 피난처입니다.

(……)

주님, 주께서 손수 만드신 것이

어찌 이리도 많습니까?

이 모든 것을 주께서 지혜로 만드셨으니,

땅에는 주님이 지으신 것으로 가득합니다.(시편 104:10~24)

성서에는 세상의 아름다움을 노래하는 이런 찬사가 넘쳐납니다. 또한 이는 하나님의 사랑에 의한 것이라고 말합니다.

성서의 창조 이야기에 따르면 '물에서 번성하는 물고기와 물짐승들'뿐만 아니라, '땅 위 푸른 하늘을 날아다니는 많은 새들'과 다른 모든 동물들을 하나님이 창조하셨다고 합니다(창세 1:20~21). 그리고 하나님은 생명을 얻은 많은 피조물에게서 큰 기쁨을 느낍니다. 이 피조물들은 역동적인 우주의 드라마에서 각기 제 역할을 합니다. 각 피조물은 전체의 긴밀한 부분입니다. 하나님이 보시기에 그것은 "좋았다."(창세 1:12)고 했습니다.

나아가 성서의 창조 이야기는 피조 세계의 지속과 번영이 인간에게 달려 있다고 말합니다. 창세기에서는 이렇게 말합니다. "당신의 형상대로 사람을 창조하셨으니, 곧 하나님의 형상대로 사람을 창조하셨다. 하나님이 그들을 남자와 여자로 창조하셨다"(창세 1:27). 그리고 이어서 이렇게 말합니다. "하나님이 그들에게 복을 베푸셨다. 하나님이 그들에게 말씀하시기를 '생육하고 번성하여 땅에 충만하여라. 땅을 정복하여라. 바다의 고기와 공중의 새와 땅 위에서 살아 움직이는 모든 생물을 다스려라.' 하셨다. 하나님이 말씀하시기를 '내가 온 땅 위에 있는 씨 맺는 모든 채소와 씨 있는 열매를 맺는 모든 나무를 너희에게 준다. 이것들이 너희의 먹을거리가 될 것이다'"(창세 1:28~29).

창세기 1장 27절은 인간이 하나님의 모습대로 창조되었다고 선언하고, 1장 28~29절은 창조 세계에 대한 인간의 지배를 선언합니다. 성서는 다른 피조물들에 대한 인간의 의존성을 명확히 하면서 동시에 피조 세계 전체의 지속과 번영이 인간에게 달려 있다고 합니다. 즉 피조 세계에 대한 인간의 의존성과 피조 세계 안에서 인간의 중심성 둘 다를 말하고 있습니다.

이 점에서 성서는 이상적인 문서가 아니라 아주 현실적인 문서입니다. 인간은 하나님의 모습대로 창조되었으니 피조 세계 안에서 하나님이 했던 것처럼 행동해야 합니다. 다시 말해 피조 세계 안에서 하나님이 했던 것과 같은 책임을 감당해야 합니다.

이것은 피조 세계에 대해 인간이 미치는 영향력과 지배력이 창조자 하나님이 행사하는 것과 같은 방식이어야 한다는 뜻입니다. 그리고 성서에 따르면 창조자 하나님의 능력과 지배는 사랑의 창조적인 행위입니다.

인간 조건에 대한 근원적인 긍정

창조자가 피조물들에게 맨 처음 한 말은 축복과 격려의 말이었습니다. "생육하고 번성하여 여러 바닷물에 충만하여라. 새들도 땅 위에서 번성하여라"(창세 1:22). 하나님은 창조하고, 피조물은 그들 나름의 방식으로 응답합니다. 모든 피조물인 식물, 동물, 그리고 인간에 대한 하나님의 관계는 매우 밀접합니다. 또한 욥기에서는 피조물에 대한 하나님의 사랑과 친밀함은 인간의 지혜로는 헤아릴 수 없을 정도라고 합니다.

"네가 사자의 먹이를 계속하여 댈 수 있느냐? 굶주린 사자 새끼들의 식욕을 채워 줄 수 있느냐? 그것들은 언제나 굴속에 웅크리고 있거나, 드러나지 않는 곳에 숨어 있다가 덮친다. 까마귀 떼가 먹이가 없어서 헤맬 때에, 그 새끼들이 나에게 먹이를 달라고 조를 때에, 그 까마귀 떼에게 먹이를 마련하여 주는 이가 누구냐?

너는 산에 사는 염소가 언제 새끼를 치는지 아느냐? 들사슴이 새끼를 낳는 것을 지켜본 일이 있느냐? 들사슴이 몇 달

만에 만삭이 되는지 아느냐? 언제 새끼를 낳는지 아느냐? 언제 구푸려서 새끼를 낳는지를 아느냐? 낳은 새끼를 언제 광야에 다가 풀어 놓는지를 아느냐? 그 새끼들은 튼튼하게 자라나면, 어미 곁을 떠나가서 다시 돌아오지 않는다.

누가 들나귀를 놓아주어서 자유롭게 해 주었느냐? 누가 날 쌘 나귀에게 매인 줄을 풀어 주어서 마음대로 뛰놀게 하였느냐? 들판을 집으로 삼게 하고 소금기 있는 땅을 살 곳으로 삼게 한 것은, 바로 나다. 들나귀가 시끄러운 성읍에서 멀리 떨어져 있으므로, 아무도 들나귀를 길들이지 못하고 일을 시키지도 못한다. 산은 들나귀가 마음껏 풀을 뜯는 초장이다. 푸른 풀은 들나귀가 찾는 먹이다."(욥기 38:39~39:8)

구약 성서의 저자들은 자연 세계에서 적자생존이나 약육강식의 원리를 본 것이 아니라, 사자와 까마귀를 먹이고 새끼 사슴의 탄생을 돕고 광야에서 살도록 들나귀(야생 나귀)를 풀어 주는 하나님의 손길을 보았습니다. 인간도 그렇게 해야 합니다. 욥기와 시편에 따르면 인간은 피조물에게 자비를 보이고 피조 세계의 청지기가 되어야 합니다. 인간에게 좋은 것만이 아니라 피조 세계 전체를 고려해야 한다는 것입니다. 어떤 의미에서 인간에게 좋은 것 자체가 거기에 달려 있습니다.

이런 의미에서 창조 신앙은 나와 이웃, 우주 만물을 모두 포괄하는 전체의 관점에서 인간과 세계와 우주를 보는 신앙입니다. 또한 그 전체의 힘을 인격적으로 경험하고 그 인격적인 존재에게 자신을 맡기는 태도입니다. 따라서 창조 신앙은 모든 것을 포괄하는 전체에 대한 신앙이며, 모든 인위적인 껍데기를 벗어 버린 가장 근원적이고 자연스러운 차원에서 삶을 긍정합니다. 땅의 모든 요소들과 땅 위에 서식하는 풍성한 생물들이 하나님의 선물로서 얼마나 소중한지 느끼며, 주어진 인간 조건에 대한 근원적인 긍정을 보여 줍니다. 성서의 관점에서 말하자면, 그것은 하늘에 태양이 떠 있고 바닷가에 모래가 있는 것처럼 당연하게 받아들여야 하는 신앙입니다.

그리고 인간은 이 전체 앞에서, 하나님 앞에서, 아무것도 아닙니다. 예언자 이사야는 이렇게 말합니다.

"외쳐라. (……) 모든 육체는 풀이요, 그의 모든 아름다움은 들의 꽃과 같을 뿐이다. 주께서 그 위에 입김을 부시면, 풀은 마르고 꽃은 시든다. (……) 풀은 마르고 꽃은 시들지만, 우리 하나님의 말씀은 영원히 서 있다."(이사 40:6~8)

간단히 말하자면, 하나님의 전능과 그 무한한 지혜 앞에서 인간은 침묵할 수밖에 없다는 것입니다. 하나님은 하나님이고 인간은 인간입니다. 그러니 인간으로서 할 수 있는 일은 오로지 자신의 삶을 받아들이는 것입니다.

이처럼 구약 성서의 창조 신앙에 따르면 자연과 역사는 인간이 멋대로 좌지우지할 수 있는 것이 아니라, 더 큰 전체와의 관련성 안에서 움직이며 하나님의 배려로 돌봄을 받습니다. 인간은 하나님 앞에 서면 아무것도 아닙니다. 구약 성서에서는 이러한 인식을 결코 포기하지 않으며 잊지 않습니다. 인간은 전체의 일부이고, 하나님은 그 전체를 포괄하고 배려하는 더욱 근원적인 존재입니다. 그러므로 인간은 하나님 앞에서 침묵할 수밖에 없는 작은 존재입니다. 오직 하나님의 계획과 뜻에 감사하고 복종할 뿐입니다. 그래서 시편의 저자는 이렇게 노래합니다.

> 주께서 손수 만드신 저 하늘과 주께서 친히 달아 놓으신 저 달과 별들을 봅니다. 사람이 무엇이기에 주께서 이렇게까지 생각하여 주시며, 사람의 아들이 무엇이기에 주께서 이렇게까지 돌보아 주십니까! 주께서는 사람을 하나님보다 조금 못하게 지으시고, 그에게 영광과 존귀의 왕관을 씌워 주셨습니다. 주께서 손수 지으신 만물을 사람이 다스리게 하시고, 모든 것을 사람의 발아래에 두셨습니다.(시편 8:3~6)

삶의 존엄성을 일깨우는 까마귀와 엉겅퀴

유대인들은 대개 어릴 때부터 매일 성서를 듣고 암송하며 생활합니다. 예수도 마찬가지였겠지요. 창세기를 포함한 성서를 암송하며 성장했을 예수는 자연과 자연 안에서의 인간 존재를 어떻게 이해했을까요? 이와 관련해서 마태복음서 6장 25~34절과 누가복음서 12장 22~34절을 살펴보겠습니다. 여기서 예수는 들의 꽃과 공중의 새에 대한 그 유명한 가르침을 전합니다. 먼저 마태복음서를 보겠습니다.

"그러므로 내가 너희에게 말한다. 목숨을 부지하려고 무엇을 먹을까 또는 무엇을 마실까 걱정하지 말고, 몸을 보호하려고 무엇을 입을까 걱정하지 말라. 목숨이 음식보다 소중하지 않으냐? 몸이 옷보다 소중하지 않으냐?

공중의 새를 보아라. 씨를 뿌리지도 않고, 거두지도 않고, 곳간에 모아들이지도 않으나, 너희의 하늘 아버지께서 그것들을 먹이신다. 너희는 새보다 귀하지 않으냐? 너희 가운데서 누가 걱정한다고 해서, 제 수명을 한순간인들 늘릴 수 있느냐? 어찌하여 너희는 옷 걱정을 하느냐?

들의 백합꽃이 어떻게 자라는가 살펴보아라. 수고도 하지 않고, 길쌈도 하지 않는다. 그러니 내가 너희에게 말한다. 온갖 영화를 누린 솔로몬도 이 꽃 하나만큼 차려입지 못하였다. 믿음이 적은 사람들아, 오늘 있다가 내일 아궁이에 들어갈 들풀도 하나님께서 이와 같이 입히시거든, 하물며 너희들을 입히시지 않겠느냐?

그러므로 무엇을 먹을까, 무엇을 마실까, 무엇을 입을까 하고 걱정하지 말라. 이 모든 것은 이방 사람들이 구하는 것이요, 너희의 하늘 아버지께서는 이 모든 것이 너희에게 필요하다는 것을 아신다. 너희는 먼저 하나님의 나라와 그의 의를 구하여라. 그리하면 이 모든 것을 너희에게 더하여 주실 것이다. 그러므로 내일 일을 걱정하지 말라. 내일 걱정은 내일이 맡아서 할 것이다. 한 날의 괴로움은 그날로 족하다."(마태 6:25~34)

이 본문은 누가복음서에도 짝이 되는 내용이 있습니다.

예수께서 자기 제자들에게 말씀하셨다.
　"그러므로 내가 너희에게 말한다. 목숨을 부지하려고 '무엇을 먹을까' 하고 걱정하지 말고, 몸을 보호하려고 '무엇을 입을까' 하고 걱정하지 말라. 목숨은 음식보다 더 소중하고, 몸은 옷보다 더 소중하다.
　까마귀를 생각해 보아라. 까마귀는 씨를 뿌리지도 않고, 거두지도 않으며, 또 그들에게는 곳간이나 창고도 없다. 그러나 하나님께서 그것들을 먹이신다. 너희는 새보다 훨씬 더 귀하지 않으냐? 너희 가운데서 누가 걱정한다고 해서, 제 수명을 한순간인들 늘릴 수 있느냐? 너희가 가장 작은 일도 못하면서, 어찌하여 다른 일들을 걱정하느냐?
　백합꽃이 어떻게 자라는지를 생각해 보아라. 수고도 하지 않고, 길쌈도 하지 않는다. 그러나 내가 너희에게 말한다. 온갖 영화를 누린 솔로몬도 이 꽃 하나만큼은 차려입지 못하였다. 믿음이 적은 사람들아, 오늘 들에 있다가 내일 아궁이에 들어

갈 풀도 하나님께서 그와 같이 입히시거든, 하물며 너희야 더 잘 입히지 않으시겠느냐?

그러므로 너희는 무엇을 먹을까, 무엇을 마실까 하고 애쓰지 말고 염려하지 말라. 이 모든 것은 다 이방 사람들이 구하는 것이다. 너희 아버지께서는 이런 것들이 너희에게 필요하다는 것을 아신다. 오히려 너희는 그의 나라를 구하여라. 그러면 이런 것들을 너희에게 더하여 주실 것이다.

무서워하지 말라. 적은 무리들아, 너희 아버지께서 그 나라를 너희에게 주시기를 기뻐하신다. 너희는 너희 소유를 팔아서 자선을 베풀어라. 너희는 스스로를 위하여 낡아지지 않는 주머니를 만들고, 하늘에다 없어지지 않는 재물을 쌓아 두어라. 거기에는 도둑이나 좀의 피해가 없다. 너희의 재물이 있는 곳에 너희의 마음도 있을 것이다."(누가 12:22~34)

이렇게 '들의 꽃'과 '공중의 새'를 언급하는 예수의 말씀은 마태복음서와 누가복음서에 나오고, 마가복음서에는 나오지 않습니다. 마태복음서에는 없는 누가복음서의 뒷부분을 빼고는, 마태복음서와 누가복음서의 이 두 본문은 거의 정확하게 대응합니다.

그런데 이 대응하는 부분에서도 마태는 '하나님'의 대체어인 '아버지'에 '하늘'을 붙여 '하늘 아버지'라고 부릅니다. 이것은 마태복음서의 특징입니다. 또한 '하나님의 의'는 하나님과 인간의 올바른 관계를 뜻하며, 이 역시 마태가 즐겨 사용하는 개념입니다. 따라서 이 '하늘'과 '하나님의 의'라는 말이 붙지 않은 누가복음서의 본문이 원래 형태에 더 가깝다고 볼 수 있을 것입니다.

그리고 마태복음서에는 '새'라고 되어 있는데 누가복음서에는 '까마귀'라고 되어 있습니다. 까마귀는 고대 팔레스타인에서 부정한 새로 여겼습니다. 그 때문에 인간에 대한 하나님의 배려를 표현하는 데 새라는 일반적인 표현에서 까마귀라는 구체적이고 부정적인 표현으로 변했다기보다는, 반대로 까마귀에서 새로 바뀌었다고 보는 쪽이 자연스러울 것입니다. 이러한 근거에서 볼 때 마태복음서의 본문보다는 누가복음서의 본문에 예수의 말씀이 더 잘 보존되어 있을 가능성이 높습니다. 누가는 이 말씀을 '어리석은 부자'의 예화 뒤에 배열했습니다. 그럼으로써 누가는 이 말씀에 새로운 의미를 부여합니다. 그러면 이제 누가의 본문에 근거하여 그 뜻을 읽어 보겠습니다.

먼저, 여기서는 자신의 말을 들으러 온 사람들에게 "걱정하지 말라."고 말해 주는 자비롭고 다정한 예수의 모습이 보입니다. 예수는 삶의 고단함에 시달려 지친 모습으로 자기 앞에 선 사람들을 외면하지 않습니다. 아마도 괴로워하는 사람에게 해 줄 수 있는 가장 좋은 위로는 "걱정 마, 잘될 거야."라는 말일 겁니다. 예수는 힘겹게 살아가는 갈릴리 농민들에게 당신들 잘못은 이러이러한 것이니 그것을 고치면 잘될 거라고 말하지 않습니다. 또 미래에 대한 그럴듯한 청사진을 제시하면서 자기를 따르라고 하지도 않습니다. 예수가 했던 가장 중요한 일은 삶의 무게에 짓눌린 갈릴리 농민들의 마음을 헤아리고 그들에게 연민을 느끼며 그들의 고통을 자신의 고통으로 느낀 것입니다.

지금 고통받고 있는 사람들에게 잘못을 지적하거나 앞으로 이렇게 하면 잘될 거라고 말하는 것은 사실 별 도움이 안 됩니다. 그들에게 정말로 필요한 것은 삶의 용기를 잃지 않게 하는 위로와 자기 존재에 대한 긍정입니다. 그러므로 들꽃과 공중의 새를 가리키며 "걱정 마, 잘될 거야."라고 했던 예수의 말은 갈릴리 농민들에게 가장 좋은 위로이자 삶의 용기를 불어넣는 말이었을 것입니다. 삶의 바닥에 굳건히 발 딛고 선 사람만이 이런 위로의 말을 할 수 있습니다.

둘째로, 예수는 그러한 위로의 근거를 들꽃과 공중을 나는 새와 그들을 먹이고 입히시는 하나님에게서 찾았습니다. 아마 들꽃과 새와 하나님에게서 삶의 위로를 발견하고 희망을 얻을 수 있는 사람은 부와 명예, 지위와는 거리를 둔 사람들이었을 것입니다. 인류 역사 속의 수많은 이름 없는 사람들, 즉 가난과 외로움, 고통에 시달리던 사람들은 들로 나가고 숲 속으로 걸어 들어가 그 안에서 살아가는 나무와 풀의 냄새, 새들이 지저귀는 소리를 들으며 위안을 얻었습니다. 농부는 몸에 흙을 묻히고 땀 흘려 일하면서, 어부는 바닷속 펄떡이는 물고기를 그물로 끌어 올리면서 몸과 마음의 건강함을 유지할 수 있었습니다. 인위적인 것이 섞이지 않은 자연과 마주하면서 자신이 그 일부임을 깨닫

〈봄〉

장 프랑수아 밀레, 1873년

꽃이 만발한 사과나무가 있고, 가운데로 뻗은 흙길에는 작은 들꽃이 피어
있으며, 왼쪽 채소밭에서는 식물들이 자라고 있다. 무지개가 걸린 하늘을
보면 방금 비가 내렸음을 알 수 있다. 덕분에 자연 풍경에 전체적으로 생기가
넘쳐흐른다. 물기를 머금은 땅은 조만간 풍요로움을 선사할 것이다.
하나님의 자비에 조용히 감사하는 마음이 담겨 있다.

고, 자신이 속한 전체와 그 전체를 지탱하는 하나님의 능력을 자각하고 그 안에서 위로와 힘을 얻었을 것입니다. 자연 앞에서, 하나님 앞에서 인간은 티끌 같은 존재로 다 같이 평등합니다. 삶의 근원적 평등에 대한 이러한 인식은 나날의 궁핍과 열등감을 날려 버리고, 인간을 의젓하게 만듭니다. 그래서 다시 괴로움과 마주하고 살아갈 수 있게 합니다.

셋째로, 예수가 공중의 새와 들의 꽃을 언급할 때 새 중에서도 기피의 대상이자 부정한 새였던 까마귀를 언급한 것이 눈길을 끕니다. 그리고 오늘날 학자들은 들의 꽃도 백합꽃이 아니라 아네모네 또는 엉겅퀴를 가리킨다고 보고 있습니다. 그것은 오늘은 들에 있지만 내일은 아궁이에 던져질 보잘것없는 들풀입니다. 까마귀나 엉겅퀴 같은 것들은 갈릴리 농부들이 흔하게 접하는 대상일 뿐 아니라, 자신들의 처지와 쉽게 동일시할 수 있는 것이었습니다. 하나님은 세상의 위대하고 잘난 존재들이 아니라 보잘것없는 존재들과 함께 계시고, 그들을 먹이고 입히신다고 예수는 말합니다. 제사장들과 율법학자들은 까마귀와 엉겅퀴를 부정하다고 했지만, 예수는 그것들에게 하나님의 자비가 있다고 말하고 있습니다. 이것은 그 시대의 통념과 대결하는 것이며, 가장 작은 것이나 가장 약한 것이 가장 중요한 것이 된다는 의미를 담고 있습니다.

넷째로, 예수의 이 말씀에는 다섯 번이나 반복해서 부정형이 나옵니다. 새는 "씨를 뿌리지도 않고, 거두지도 않고, 곳간에 모아들이지도 않는다."고 했고, 들의 꽃도 "수고도 하지 않고, 길쌈도 하지 않는다."고 했습니다. 이 부정형이 뜻하는 바는 동양 철학의 말을 빌리자면 무위(無爲, 억지로 하지 않음)라고 할 수 있습니다. 이 무위야말로 하나님이 일하기 시작하는 자리이자 하나님이 일하는 방식이기도 합니다. 어쩌면 근원적인 의미에서 세계가 존재하고 운동하는 방식이 바로 이 무위의 방식이라고 할 수 있습니다. 우리 몸이 살아가는 것은 의식적으로 무언가를 결정하고 지시해서가 아닙니다. 수많은 신경 조직과 근육, 세포들이 상호 작용을 함으로써 이루어지는 생명 현상은 인간의 노력이나 이해를 넘어선 무위의 세계에 터를 잡고 있습니다. 그러므로 예수는 삶의 무게에 짓눌려 위축된 사람들에게 하나님이 활동하시는 무위의 활달한 세계를 보여 주면서 자신에게 주어진 삶을 기개 있고 의연하게 감당해 나가도록 격려합니다.

건강한 삶이란?

삶의 걱정으로 가득한 가난한 갈릴리 농민들에게 예수가 해 주는 말들은 앞서 언급한 구약 성서의 창조 신앙과 일맥상통합니다. 인간을 피조 세계 전체의 일부로 인식하고, 세계를 창조자 하나님의 축복으로 받아들이는 것입니다. 삶의 의미와 존엄성을 깊이 이해하는 창조 신앙은 대지에 발 딛고 살아가는 사람들의 삶의 지혜였으며, 이것이 예수와 초대 기독교에까지 이어졌습니다. 예수가 선포한 내용의 핵심은 하나님 나라에 대한 선포이고,

하나님 나라의 핵심에는 이러한 창조 신앙의 정신이 깃들어 있습니다.

예수가 선포한 나라는 이 세상의 모든 동물, 식물, 인간의 생명을 포괄합니다. 이것은 특히 공중의 새들과 들의 꽃들에 관한 산상 설교의 이 이야기에 잘 나타나 있습니다. 예수는 걱정하는 사람들에게 하늘을 나는 새를 보고 들에 핀 백합꽃을 보라고 합니다. 이어서 예수는 이렇게 말합니다. "그러므로 무엇을 먹을까, 무엇을 마실까, 무엇을 입을까 하고 걱정하지 말라. (……) 너희는 먼저 하나님의 나라와 그의 의를 구하여라. 그리하면 이 모든 것을 너희에게 더하여 주실 것이다"(마태 6:31~33). 이때 '하나님 나라'와 '하나님의 의'라는 것은 구약 성서의 신앙과 관련해 이해할 수 있었습니다.

반면 예수는 하나님께 의지하지 않고 권력과 부를 쌓아 두는 것을 비판합니다. 예수는 '어리석은 부자'의 예를 듭니다.

"어떤 부자가 밭에서 많은 소출을 거두었다. 그래서 그는 속으로 '내 소출을 쌓아 둘 곳이 없으니, 어떻게 할까?' 하고 궁리하였다. 그는 혼자 말하였다. '이렇게 해야겠다. 내 곳간들을 헐고서 더 크게 짓고, 내 곡식과 물건들을 다 거기에다가 쌓아 두겠다. 그리고 내 영혼에게 말하겠다. 영혼아, 여러 해 동안 쓸 많은 물건을 쌓아 두었으니, 너는 마음을 놓고, 먹고 마시고 즐겨라.' 그러나 하나님께서 그에게 말씀하셨다. '어리석은 사람아, 오늘 밤에 네 영혼을 네게서 도로 찾을 것이다. 그러면 네가 장만한 것들이 누구의 것이 되겠느냐?'"(누가 12:16~20)

생명을 주기도 하고 빼앗기도 하는 하나님의 능력은 부를 쌓아 둠으로써 삶의 안전을 확보하려는 부자의 노력을 수포로 돌아가게 만듭니다. 그러니 땅의 소출에 감사하고 하나님과 적절한 관계를 맺는 일이 새 창고를 짓는 일보다 훨씬 중요합니다.

인간들이 사는 방식이 어리석다는 점을 강조하기 위해서 예수는 들꽃을 가리킵니다. "백합꽃이 어떻게 자라는지를 생각해 보아라. 수고도 하지 않고, 길쌈도 하지 않는다. 그러나 내가 너희에게 말한다. 온갖 영화를 누린 솔로몬도 이 꽃 하나만큼은 차려입지 못하였다"(누가 12:22~27). 또 "참새 다섯 마리가 두 냥에 팔리지 않느냐? 그러나 그 가운데 하나라도 하나님께서는 잊어버리시지 않는다."(누가 12:6)는 말은 인간이 인위적으로 부여하는 화폐 가치를 넘어서는 한 생명의 가치를 말하고 있습니다. 이때 하나님은 더 큰 전체와의 관계에서 사물을 이해하고 행동할 수 있게 해 주는 근거인 동시에 연약한 한 개체를 돌보는 존재입니다. 이러한 것들은 모두 더 크고 근원적인 세계에 근거해서 살아가라는 요구, 즉 대지에 뿌리박은 건강한 삶을 살라는 요구라고 할 수 있습니다.

후쿠시마 원전 사고 이후의 인류

그러나 오늘날 인간은 이러한 전통적인 가르침과는 정반대의 길을 가고 있습니다. 지난 2011년, 지진해일로 일본 후쿠시마의 원자력 발전소가 폭발하고 방사성 물질이 누출된 엄청난 사건이 있었습니다. 이 일은 인간의 궁극적인 무능력을 보여 줍니다. 그동안 감춰져 왔던 크고 작은 많은 원전 사고들과 자칫하면 대재앙으로 이어질 수 있는 인간적 실수들이 있었습니다. 그리고 세상에는 대비한다는 것이 애당초 불가능한 무수한 경우가 있습니다. 핵폐기물을 처리할 방법이 없는데도 핵 발전을 시작했다는 사실과 아직도 많은 사람들이 핵 발전은 필요하다고 생각하고 있다는 사실 등은 오늘날 인류 문명이 서 있는 토대 자체가 얼마나 허약한지, 인간이란 도대체 어떤 존재인지 근본부터 다시 묻게 만듭니다.

지금까지 인류가 겪은 재앙과 비교했을 때 핵 발전이 가져올 재앙은 무엇이 다를까요? 핵 발전으로 인한 폭발과 방사능 오염은 존재해서는 안 될 것을 인간이 만든 탓에 일어나는 재앙입니다. 게다가 그 파괴력은 그 어떤 자연재해와도 견줄 수 없을 만큼 큽니다. 방사능 오염은 지구 생태계의 기본 토대를 무너뜨립니다. 생명의 기본 토대인 지하수, 토양, 공기, 바다를 오염시킵니다. 보이지도 않고 냄새도 나지 않는 그것은 모든 것을 파괴합니다.

이러한 종말과 같은 상황이 벌어지는 까닭은 인간이 전체의

폭발하는 핵 발전소와 출입이 금지된 후쿠시마

인간은 핵 발전소를 지어 엄청난 에너지를 만드는 신과 같은 능력을 얻게 되었다. 그리고 그 가공할 힘과 치명적인 방사능을 인간의 통제 아래 둘 수 있다고 자만했다. 그러나 후쿠시마의 핵 발전소는 인간의 능력을 넘어 폭발했고(위 사진), 후쿠시마 지역은 방사능 때문에 생명이 살 수 없는 곳이 되어 버렸다(아래 사진). 작은 들꽃을 보며 감사할 줄 아는 삶의 가치를 돌아봐야 할 때다.

일부라는 사실을 망각한 탓이라고 할 수 있습니다. 자연은 자신의 위치를 망각한 인간을 다른 것들과 마찬가지로 없애 버릴지 모릅니다. 이 점에서 핵 재앙이 불러올 종말적인 상황은 그동안 인간을 배려하는 창조주 하나님이 아닌 무시무시한 어떤 힘을 느끼게 합니다.

이 강력한 파괴의 힘 앞에서는 그동안 우리가 고백해 왔던 인격적인 하나님에 대한 신앙이 더는 가능하지 않을 것입니다. 더는 창조 신앙을 고백할 수 없고, 신을 하나님·주님·아버지 또는 어머니라고 부를 수 없게 될지도 모릅니다. 들에 핀 꽃을 보라고 말할 수도 없고, 피조 세계의 아름다움에 경탄할 수도 없는 상태가 될 것입니다. 태초 이전의 존재 그 자체, 생명이라는 존재 형식을 끝장내고 이제 다른 존재의 형식을 빚어 낼 물질의 덩어리, 시간도 공간도 없는 덩어리, 어두운 심연과 혼돈만이 남을 것입니다.

핵 발전을 비롯한 핵무기는 구약 성서의 창조 신앙과 함께 설 수 없습니다. 또한 들에 핀 꽃과 하늘을 나는 새를 보라고 했던 예수의 가르침과도 함께 갈 수 없습니다. 핵은 하나님과 대극점에 위치해 있고, 신앙을 가진 사람이라면 핵 발전과 핵무기를 반대하는 것이 논리적으로 일관성 있는 태도입니다.

원수를 사랑하라 3

율법의 폐기인가, 철저화인가?

마태복음서 5장 21~48절에는 흔히 '대립 명제'라고 일컫는 여섯 개의 가르침이 있습니다. 기독교인이 아니더라도 단편적으로나마 이 구절들을 들어 본 적이 있을 겁니다. 여기에는 예수의 가르침의 핵심적인 내용이 드러납니다. 마태복음서의 대립 명제를 모아 보면 아래와 같습니다.

1. "옛사람들에게 이르기를 '살인하지 말라. 누구든지 살인하는 사람은 재판을 받을 것이다.' 한 것을 너희가 들었다. 그러나 나는 너희에게 말한다. 자기 형제나 자매에게 성내는 사람은 누구나 심판을 받는다."(5:21~22)

2. "'간음하지 말라.' 하고 이른 것을 너희가 들었다. 그러나 나는 너희에게 말한다. 여자를 보고 음욕을 품는 사람은 누구나

이미 마음으로 그 여자와 간음한 것이다."(5:27~28)

3. "'누구든지 아내를 버리려는 사람은 그에게 이혼 증서를 써 주어라.' 하고 이른 것을 너희가 들었다. 그러나 나는 너희에게 말한다. 음행한 경우를 제외하고 아내를 버리는 사람은 누구나 그 여자를 간음하게 하는 것이요, 또 누구든지 버림받은 여자 와 결혼하는 사람은 간음하는 것이다."(5:31~32)

4. "옛사람들에게 이르기를 '너는 거짓 맹세를 하지 말아야 하 고, 네가 맹세한 것은 그대로 주께 지켜야 한다.' 한 것을 너희 가 또한 들었다. 그러나 나는 너희에게 말한다. 아예 맹세하지 말라."(5:33~34)

5. "'눈은 눈으로, 이는 이로 갚아라.' 하고 이른 것을 너희가 들었다. 그러나 나는 너희에게 말한다. 악한 사람에게 맞서지 말라."(5:38~39)

6. "'네 이웃을 사랑하고, 네 원수를 미워하여라.' 하고 이른 것 을 너희가 들었다. 그러나 나는 너희에게 말한다. 너희의 원 수를 사랑하고, 너희를 박해하는 사람을 위하여 기도하여라." (5:43~44)

이 여섯 가르침은 먼저 구약 성서를 인용하고, 그다음에 예수가 "그러나 나는 너희에게 말한다."라며 앞의 구약 성서 말에 대립되는 명제를 제시합니다. 즉 구약 성서의 명제와 그에 대한 예수의 대립 명제가 나옵니다.

그러나 엄밀히 말하면 구약 성서의 인용문과 예수의 말이 반드시 대립되는 것은 아닙니다. 학자들은 일반적으로 율법을 더욱 철저하게 해석한 1, 2, 4 명제와 구약 성서의 율법과 내용적으로도 대립되는 3(이혼 금지), 5(복수 금지), 6(원수 사랑) 명제로 나눕니다.

1, 2, 4는 누가복음서에 나오지 않고, 3, 5, 6은 누가복음서에 있긴 하지만 마태복음서와 같은 형식으로 나오지 않습니다. 즉 3은 누가복음서 16장 18절에, 5의 일부는 누가복음서 6장 29절에, 6의 일부는 누가복음서 6장 27~28에 나옵니다. 그러니까 누가는 이 말들을 마태복음서와 같은 순서로 모아 놓지도 않았고, 대립 명제 형식으로 기술하지도 않았습니다.

마태복음서와 누가복음서에 함께 나오는 이 말들은 마태와 누가가 복음서를 쓸 때 공통으로 사용한 예수의 어록으로 거슬러 올라갑니다. 아마도 마태는 이 어록에서 발견한 예수의 가르침에 자기가 수집한 예수의 가르침(1, 2, 4)을 덧붙여서 그것들을 모두 대립 명제 형식으로 기술하고, 산상 설교의 중심 부분에 배열했을 것입니다. 즉 이 여섯 가지 가르침을 모두 대립 명제 형식으로 산상 설교의 중심에 둔 것은 마태가 편집한 것이라고 생각됩니다.

그렇다면 이 여섯 대립 명제들을 구약 성서의 율법과의 관계에서 어떠한 의미로 읽어야 하느냐는 문제가 남습니다. 즉 구약 성서 율법의 철저화인가, 아니면 대립인가 하는 질문입니다. 마태는 이 대립 명제들 앞에 일종의 서문을 만들어 놓았습니다. 이것을 보면 마태가 이 대립 명제들을 독자들이 어떤 방식으로 읽기를 원했는지 알 수 있습니다. 그 서문은 다음과 같습니다.

"내가 율법이나 예언자들의 말을 폐하러 온 줄로 생각하지 말라. 폐하러 온 것이 아니라 완성하러 왔다. 내가 진정으로 너희에게 말한다. 천지가 없어지기 전에는 율법은 일점일획도 없어지지 않고 다 이루어질 것이다. 누구든지 이 계명 가운데 가장 작은 것 하나라도 폐지하고 사람들을 그렇게 가르치는 사람은 하늘나라에서 가장 작은 사람이라고 일컬음을 받을 것이요, 또 누구든지 이 계명을 지키며 가르치는 사람은 하늘나라에서 큰 사람이라고 일컬음을 받을 것이다. 내가 너희에게 말한다. 너희의 의로운 행실이 율법학자들과 바리새파 사람들의 의로운 행실보다 낫지 않으면, 너희는 하늘나라에 들어가지 못할 것이다."(마태 5:17~20)

이 서문을 보면 적어도 마태가 그리는 예수는 청중에게 구약 성서의 가르침을 더욱 철저화해서 지키도록 권하고 있습니다. 마태가 복음서를 집필했던 시대(아마도 80년대)에는 초대 기독교가 바리새파 율법학자를 지도자로 받아들인 유대교와 경쟁 관계에 있었습니다. 그리고 기독교인들 중에는 율법에 비판적인 사람들이 있었습니다. 마태가 대립 명제의 서문에 "누구든지 이 계명 가운데 가장 작은 것 하나라도 폐지하고 사람들을 그렇게 가르치는 사람……"이라는 말을 넣은 까닭은, 실은 그 시대에 율법으로부터 자유롭게 살았던 기독교인들을 염두에 두었기 때문일 가능성이 있습니다.

이렇게 보면 마태가 대립 명제의 앞에 "내가 율법이나 예언자들의 말을 폐하러 온 줄로 생각하지 말라. 폐하러 온 것이 아니라 완성하러 왔다."고 한 예수의 말을 넣은 의도를 알 수 있습니다. 그것은 대립 명제로 불리는 예수의 가르침을 율법에 대한 반대가 아니라, 오히려 그것을 철저하게 만들고 완성하는 것으로 읽으라고 마태 공동체의 구성원에게 요구하는 것입니다. 그리고 이것은 전통적인 모세 계약에 근거해서 마을 공동체의 삶을 회복하려 했던 예수의 노력과도 통한다고 볼 수 있습니다.

이 장에서는 여섯 개의 대립 명제 가운데 가장 잘 알려진 다섯 번째와 여섯 번째 명제를 다루겠습니다.

"악한 사람에게 맞서지 말라" – 예수의 비폭력 저항 운동

"'눈은 눈으로, 이는 이로 갚아라.' 하고 이른 것을, 너희가 들었다. 그러나 나는 너희에게 말한다. 악한 사람에게 맞서지 말라. 누가 네 오른쪽 뺨을 치거든 왼쪽 뺨마저 돌려 대어라. 너를 걸어 고소하여 네 속옷을 가지려는 사람에게는 겉옷까지도 내주어라. 누가 너더러 억지로 오 리를 가자고 하거든 십 리를 같이 가 주어라. 네게 달라는 사람에게는 주고, 네게 꾸려고 하는 사람을 물리치지 말라."(마태 5:38~42)

이 다섯 번째 대립 명제에는 그 유명한 "누가 네 오른쪽 뺨을 치거든 왼쪽 뺨마저 돌려 대어라."라는 문구가 나옵니다. 이 말은 예수의 비폭력 선언으로, 기독교인이건 아니건 누구나 들어 보았을 것입니다. 헨리 데이비드 소로(1817~1862)나 마틴 루터 킹(1929~1968), 힌두교인 마하트마 간디(1869~1948)도 이 말을 비폭력 저항 운동의 근거로 내세웠습니다.

누가복음서에도 이 말이 나오는데(6:29~30), 배열 순서가 다릅니다. 마태복음서에서는 "원수를 사랑하라."는 대립 명제가 이 말 뒤에 나오지만, 누가복음서에서는 이 말 앞에 나옵니다. 그리고 마태복음서의 이 구절들에는 악한 사람에게 맞서지 말라는 명령 뒤에 세 가지 구체적인 예가 나옵니다. 그중에서 "누가 너더러 억지로 오 리를 가자고 하거든 십 리를 같이 가 주어라."에 대응하는 말이 누가복음서에는 나오지 않습니다. 이것은 원래 있던 것을 누가가 삭제했을 가능성이 있습니다. 왜냐하면 이 말의 배경에는 로마 군대가 속주 주민들에게 부과한 강제 노동이 있기 때문입니다. 강제 노동은 마태복음서가 집필된 장소로 추정되는 시리아 주와 유다 등 로마군이 주둔했던 곳에서는 일상적으로 일어나는 일이었습니다. 그러나 누가가 저작 활동을 한 장소는 로마군이 주둔하지 않던 아가야(그리스)나 로마로 추정됩니다. 그곳에서는 이 말이 통하기 어려웠기 때문에 누가가 그것을 삭제했을 수 있습니다.

그렇다면 예수의 이 가르침은 어떤 의미가 있을까요? 여기서 우리는 아무 저항 수단도 없이 신음하던 갈릴리 농민의 처지에서 그들의 신음에 응답하고자 했던 예수의 목소리를 들을 수 있습니다.

우선 "누가 네 오른쪽 뺨을 치거든 왼쪽 뺨마저 돌려 대어라."라는 말이 나옵니다. 손바닥으로 때리는 것은 구약 성서에서는 조롱이나 부당한 벌로 간주됩니다. 맞는 자에게 그것은 굴욕을 뜻합니다. 그런데 학자들은 여기서 "오른쪽 뺨을 치거든"이라고 되어 있는 점에 주목합니다. 이것은 좀 이상합니다. 때리는 자가 왼손잡이거나 아니면 손등으로 때리는 것이기 때문입니다. 그 무렵 유대교 문헌에 따르면, 손등으로 때리는 것은 상대에게 두 배의 모욕을 주는 행동으로 여겨집니다. 그렇다면 "왼쪽 뺨마저 돌려 대어라."는 것은 폭력에 대한 투항을 권하는 것이 아닙니다. 오히려 그것은 힘에 의한 저항 수단을 모두 빼앗긴 갈릴리 농민들에게 남아 있던 유일한 저항 수단, 즉 비폭력 저항 또는 도발을 의미합니다.

이어서 "너를 걸어 고소하여 네 속옷을 가지려는 사람에게는 겉옷까지도 내주어라."라고 합니다. 이 권고는 빌린 돈을 갚을 수 없을 정도로 가난한 사람을 향한 것입니다. 그는 속옷까지 차압당했습니다. 그런데 거기 더해서 겉옷까지 주라는 것은 이상한 권고입니다. 구약 성서의 빈민 보호법에 따르면 겉옷을 저당으로 차출당할 수밖에 없는 가난한 사람에게는 일몰까지 그것을 돌려주어야 합니다(신명 24:12~13). 그것은 그의 몸을 덮을 유일한 옷이기 때문입니다. 그렇다면 이 권고는 가난한 사람을 보호하는 최소한의 법마저 거부하라는 뜻이 됩니다. 속옷까지 차압당하는 극빈자의 도전적인 의지가 들어 있는 것입니다.

그런데 누가복음서에는 이것이 거꾸로 "네 겉옷을 빼앗는 사람에게는 속옷도 거절하지 말라."(6:29)고 되어 있습니다. 누가복음서는 유대인이 아닌 이방인 신자들을 위해 쓰였습니다. 누가는 구약 성서의 빈민 보호법을 알지 못하는 독자들을 위해 강도에게 습격당한 상황으로 대체했을 가능성이 있습니다.

다음에는 "누가 너더러 억지로 오 리를 가자고 하거든 십 리를 같이 가 주어라."고 되어 있습니다. 여기서 '억지로 ~하다'라고 번역된 그리스어 동사 aggareuo의 원뜻에 비추어 본다면, 이 권고에는 군대나 지배 권력이 백성을 징발하고 강제 노동에 동원하는 상황이 전제되어 있습니다. 이를테면 밭에서 일하다가 갑자기 징발되어 무기나 짐을 지고 오라는 명령을 받으면, 명령받은 거리의 두 배를 가라는 것입니다. 이것 또한 원래는 시위

간디의 비폭력 저항

영국이 인도의 소금 생산을 금지하고 영국산 소금에 높은 세금을 매기자,
간디는 이에 항의해 390킬로미터나 떨어진 바다를 향해 걸어갔다.
간디와 그를 따르는 무리가 바다로 가는 모습이다. 간디는 예수의
비폭력 저항의 가르침을 실천했다.

행동을 뜻하는 것일 수 있습니다.

이처럼 세 권고는 억압받던 가난한 농민에게 비폭력 저항을 가르치는 예수의 입장을 드러냅니다.

마지막으로 마태가 이 대립 명제를 총괄적으로 요약하는 말은 "네게 달라는 사람에게는 주고, 네게 꾸려고 하는 사람을 물리치지 말라."로 되어 있습니다. 이것은 마태 교회의 비교적 부유한 구성원을 향한 윤리적 권고라고 할 수 있습니다. 즉 마태는 가진 자는 가지지 않은 자의 소원을 거부해서는 안 되며 오히려 원하는 것 이상을 주어야 한다는 '사랑의 윤리' 차원에서 앞의 세 가지 권고를 총괄합니다. 이런 방식으로 총괄한 것은 아마도 마태의 편집 작업이라고 보아야 할 것입니다.

그렇다면 악에 맞서지 말라는 이 대립 명제는 구약 성서의 율법과 어떤 관계가 있을까요? 즉 율법을 철저화하는 것일까요, 아니면 폐지하는 것일까요? 앞서 마태가 여섯 개의 대립 명제 앞에 붙인 서문에서는 "폐지가 아니라 완성하기 위해서"라고 했습니다. 그렇다면 악에 맞서지 말라는 이 대립 명제는 어떤 의미에서 율법의 완성이라고 할 수 있을까요?

일반적으로 구약 성서 율법의 근간이 되는 동태 복수법, 즉 "목숨은 목숨으로, 눈은 눈으로, 이는 이로, 손은 손으로, 발은 발로 갚아라."(신명 19:21)는 말로 대표되는 복수는 오늘날 생각하듯이 잔인한 보복을 조장하는 것이 아닙니다. 원래는 무자비한 피의 보복을 하면 안 된다는 것이며, 자기가 받은 피해 이상으로 상대방에게 보복해서는 안 된다는 배려에서 나온 것입니다. 이렇게 본다면 "악한 사람에게 맞서지 말라."는 명령은 이러한 동태 복수법이 전제하는 배려를 더욱 철저화하고 완성하는 것이라고 볼 수 있습니다.

마태에 따르면, 예수는 여기서 한 걸음 더 나아갑니다. 예수는 "온유한 사람들은 행복하다. 그들은 땅을 물려받을 것이다."라고 선언합니다. 그리고 스스로 "온유한 왕"으로서 예루살렘에 입성하고, 유다에게 배신당해 체포되어도 칼로 저항하는 것을 금하며, 십자가의 길을 가서 하나님에 의해 부활합니다. 마태는 이러한 예수의 삶 속에서 비폭력으로 살아갈 근거와 가능성을 보았을 것입니다.

"원수를 사랑하라" – 하나님의 자비에 대한 응답

"악에 맞서지 말라."는 가르침 뒤에 이어지는 것이 원수 사랑에 관한 가르침입니다. 어느 면에서 원수 사랑은 그 앞에 나오는 "악에 맞서지 말라."는 가르침을 더 철저하게 한 것이라고 볼 수 있습니다. 그렇다면 예수는 권력자의 폭력적인 지배에 대한 피지배자의 시위와 도발 행동을 격려하면서도, 그것을 원수에 대한 사랑의 행동으로 승화시킬 것을 권한다고 볼 수 있을 것입니다. 이제 이 원수 사랑이라는 주제를 이야기해 보겠습니다.

기독교를 내세운 서구 여러 나라들의 역사는 원수를 사랑하라는 예수의 가르침과는 거리가 멉니다. 그러나 기독교인들의 삶에서 실제로 얼마나 영향력을 발휘했는가 하는 질문과는 별도로, 원수를 사랑하라는 가르침은 예수의 중요한 가르침 가운데 하나입니다. 윤리적 이상이 실제로 얼마나 실현되느냐도 중요하겠지만, 개인 차원에서건 사회 차원에서건 그것은 하나의 이상으로서 사람들이 모두 부담을 느끼게 만드는 당위로 기능합니다. 그런 점에서 공자나 부처, 예수의 가르침은 흐린 하늘에 순간적으로 보이는 눈부신 햇살처럼 인간성의 드높은 경지를 보여줍니다. 어떤 면에서 그들의 가르침은 그 실현 가능성이 아니라 오히려 불가능성을 통해서 사람들에게 영향을 끼칩니다.

그런데 원수 사랑의 가르침은 신약 성서에 자주 나오지는 않습니다. 앞으로 살펴볼 마태복음서 5장 44절과 이에 대응하는 누가복음서 6장 27~28절과 35절에만 나옵니다. 신약 성서에서 대표적인 사랑의 계명은 하나님 사랑과 이웃 사랑이라는 두 가지입니다. 마가복음서와 바울의 편지, 그리고 마태복음서 22장 34~40절* 등 신약 성서에 훨씬 자주 나오는 것이 바로 이 두 가지 계명입니다. 요한복음서는 '서로 사랑', '형제 사랑'의 형태로 나옵니다. 이것은 결코 원수 사랑을 뜻하지는 않습니다. 그런

---

* 예수가 사두개파 사람들의 말문을 막아 버리셨다는 소문을 듣고, 바리새파 사람들이 한자리에 모였다. 그런데 그들 가운데 율법 교사 하나가 예수를 시험하여 물었다. "선생님, 율법 가운데 어느 계명이 중요합니까?" 예수께서 그에게 말씀하셨다. "'네 마음을 다하고 네 목숨을 다하고, 네 뜻을 다하여, 주 너의 하나님을 사랑하여라.' 하셨으니, 이것이 가장 중요하고, 으뜸가는 계명이다. 둘째 계명도 이것과 같은데 '네 이웃을 네 몸같이 사랑하여라.' 한 것이다. 이 두 계명에 모든 율법과 예언자들의 본뜻이 달려 있다."

데도 이 원수 사랑이 예수의 대표적인 사랑의 계명으로 인식된 이유는 그만큼 이 계명이 보여 주는 윤리적 이상이 예수의 삶과 일치하고, 깊은 인상을 남기기 때문일 것입니다.

그러면 이제 원수 사랑의 가르침을 마태의 여섯 번째 대립 명제의 문맥에서 읽어 보려고 합니다. 마태복음서와 누가복음서의 해당 본문은 다음과 같습니다.

"'네 이웃을 사랑하고, 네 원수를 미워하여라.' 하고 이른 것을 너희가 들었다. 그러나 나는 너희에게 말한다. 너희의 원수를 사랑하고, 너희를 박해하는 사람을 위하여 기도하여라. 그래야만 너희가 하늘에 계신 너희 아버지의 자녀가 될 것이다. 아버지께서는 악한 사람에게나 선한 사람에게나 똑같이 해를 떠오르게 하시고, 의로운 사람에나 불의한 사람에게나 똑같이 비를 내려 주신다. 너희가 너희를 사랑하는 사람만 사랑하면 무슨 상을 받겠느냐? 세리도 그만큼은 하지 않느냐? 또한 너희가 너희 형제들에게만 인사하면서 지내면, 남보다 나을 것이 무엇이냐? 이방 사람들도 그만큼은 하지 않느냐? 그러므로 너희의 하늘 아버지께서 완전하신 것과 같이 너희도 완전하여라."(마태 5:43~48)

"그러나 내 말을 듣고 있는 너희에게 내가 말한다. 너희의 원수를 사랑하여라. 너희를 미워하는 사람들에게 잘해 주고, 너희를 저주하는 사람을 축복하고, 너희를 모욕하는 사람을 위하여 기도하여라. 네 뺨을 치는 사람에게는 다른 뺨도 돌려 대고, 네 겉옷을 빼앗는 사람에게는 속옷도 거절하지 말라. 너에게 달라는 사람에게는 주고, 네 것을 가져가는 사람에게서 도로 찾으려고 하지 말라. 너희는 남에게 대접받고자 하는 대로 남을 대접하여라. 너희가 너희를 사랑하는 사람만 사랑하면, 그것이 너희에게 무슨 장한 일이 되겠느냐? 죄인들도 자기네를 사랑하는 사람들을 사랑한다. 너희를 좋게 대하여 주는 사람들에게만 너희가 좋게 대하면, 그것이 너희에게 무슨 장한 일이 되겠느냐? 죄인들도 그만한 일은 한다. 도로 받을 생각으로 남에게 꾸어 주면, 그것이 너희에게 무슨 장한 일이 되겠느냐? 죄인들도 고스란히 되받을 요량으로 죄인들에게 꾸어 준다. 그러나 너희는 너희 원수를 사랑하고, 좋게 대하여 주고, 또 아무것도 바라지 말고 꾸어 주어라. 그러면 너희는 큰 상을 받을 것이요, 너희는 가장 높으신 분의 자녀가 될 것이다. 그분은 은혜를 모르는 자들과 악한 자들에게도 인자하시기 때문이다. 너희의 아버지께서 자비하신 것과 같이 너희도 자비로운 사람이 되어라."(누가 6:27~36)

여기서 "네 이웃을 사랑하라."는 말은 예수가 구약 성서 레위기 19장 18절을 인용한 것입니다. 그런데 "원수를 미워하라."는 말은 구약 성서 어디에도 없습니다. 이것은 "원수를 사랑하라."의 대립 문구로 마태가 넣은 것으로 보입니다.

그런데 원수를 미워하라는 이 계명은 사해 문서인 '공동체 규율'에 나옵니다(1:9~10). 사해 문서는 유대교의 한 분파인 에세네파에서 작성한 문서입니다. '공동체 규율'은 그들이 사해 근처 마을 쿰란에서 공유 재산에 기초하여 만든 금욕 공동체의 규칙집입니다. 그들은 자기 공동체의 구성원을 "빛의 아들"이라 부르면서 이웃 사랑으로 결속할 것을 촉구했습니다. 그렇지만 공동체 밖의 사람들, 특히 그들을 박해한 이들은 "어둠의 아들"이라고 비난했습니다. 즉 이웃을 사랑하는 것과 원수를 증오하는 것은 동전의 양면과도 같았습니다. 그러므로 동시대 유대교에 그러한 사례가 있었던 것은 사실입니다.

유대교에서도 "이웃 사랑"은 중요한 계명 가운데 하나였습니다. 그런데 유대인들은 이웃을 유대 동포, 특히 신앙이 같은 동포로 한정했습니다. 유대교 내의 이질적인 분파나 율법을 모르는 이방인은 증오의 대상으로 여겼습니다. 당시 성립되는 중이던 기독교도 증오의 대상에 포함되었습니다. 이웃을 사랑하는 것과 원수를 미워하는 것은 동일한 계명의 겉과 속이 됩니다. 이렇게 되면 이웃 사랑을 강조하는 만큼 원수를 향한 증오도 덩달아 증폭됩니다. 그것은 진정한 이웃 사랑이 아닙니다. 진정한 이웃 사랑은 원수 사랑으로까지 확장되어야 합니다. 그래서 마태복음서의 예수는 원수 사랑을 명하고 있습니다.

도덕적인 선악 판단은 윤리적 행동을 위해 반드시 필요하지

복수하려다 고뇌에 빠진 자

예수가 "원수를 사랑하라."는 가르침을 전하고 있다. 오른쪽 아래에는
팔에 머리를 괴고 고뇌에 빠진 사내가 있다. 그는 복수의 칼을
쥔 채 놓지 못하고 있다.

만, 그러한 선악 판단에는 우리 자신의 편견과 이해관계가 개입되기 마련입니다. 그러므로 누군가를 원수나 적으로 규정한다 하더라도, 그들을 대하는 행동이 증오에 기반해서는 안 됩니다. 적극적인 선의 가치에 근거해 행동해야 합니다. 여기서 원수 사랑의 근거로는 하나님이 선인과 악인에게 똑같이 자비를 내린다는 것을 제시하고 있습니다. 하나님은 모든 사람에게 관대하십니다. 그렇기 때문에 우리도 이른바 '악인'에게 관대하고, '원수'를 사랑해야 합니다. 종말의 때에 비로소 하나님은 누가 "하나님의 자녀"인지 분명히 합니다.

사랑의 길로 가기 힘든 도덕적 완전주의

그런데 마태복음서에서는 원수 사랑을 하지 못하는 열등한 사람들의 예로 '세리'(세금 징수인)와 '이방인'을 들고 있습니다. 누가복음서에는 뭉뚱그려 '죄인'이라고 되어 있지만, 마태복음서에는 세리와 이방인이라고 명시되어 있습니다. 둘 중 마태복음서 쪽이 원형에 가깝다고 보는 학자들이 많지만, 어쨌든 원수 사랑을 얘기하면서 어느 집단은 원수 사랑을 하지 못한다고 말하는 것은 사실 이상하고 문제가 있습니다. 이것은 시대의 한계라고 볼 수 있을 듯합니다.

마태복음서의 예수는 마지막으로 "너희의 하늘 아버지께서 완전하신 것과 같이 너희도 완전하여라."라고 명령합니다. 이 계명이 누가복음서에는 "너희의 아버지께서 자비하신 것과 같이 너희도 자비로운 사람이 되어라."라고 되어 있습니다. 누가는 그 앞에서도 원수 사랑의 근거로 악인들에 대한 하나님의 인자하심을 들고 있습니다. 그런데 마태는 '자비'를 '완전'으로 대체하고, '자비로움'에 대한 권고를 '완전함'에 대한 권고로 바꾸었습니다. 이는 마태의 편집일 가능성이 높습니다. 예를 들어 마가복음서에는 예수가 부자 청년에게 "네가 가진 것을 다 팔아서 가난한 사람들에게 나눠 주어라."(마가 10:21)라는 문구가 나옵니다. 그런데 마태복음서에서는 이 문구 앞에 "만일 완전해지고 싶으면"이라는 조건문이 붙어 있습니다(마태 19:21). 이러한 완전주의는 마태의 매우 큰 관심사입니다.

이렇게 해서 이 완전에 대한 권고는 마지막 대립 명제인 여섯 번째 대립 명제를 마무리 짓는 동시에 여섯 개의 대립 명제 전체를 종결짓는 기능을 합니다. 이것은 대립 명제 전체의 첫머리와 잘 어울립니다. 첫머리와 이 종결문을 나란히 두면 이렇습니다. "내가 율법이나 예언자들의 말을 폐하러 온 줄로 생각하지 말라. 폐하러 온 것이 아니라 완성하러 왔다." "그러므로 너희의 하늘 아버지께서 완전하신 것과 같이 너희도 완전하여라."

그런데 이러한 완전주의는 문제가 되기도 합니다. 특히 그것이 특정 법규나 윤리적 계명의 강화로 이해되면, 원수 사랑을 권하면서 원수를 만듭니다. 또 사람에 대한 판단을 금하면서 사람을 개나 돼지로 부르는 결과를 가져옵니다. 지극한 선을 이야기하면서 실제로는 잔혹한 행동을 하게 됩니다. 사실 기독교 선교의 역사가 원주민들을 유린한 역사이기도 했던 것은 자기만이 옳다는 도덕적 완전주의와도 관련이 있습니다. 예를 들어 베드로후서 2장 9~22절에서는 자신들에게 전해진 거룩한 규정에서 떠난 사람들을 개·돼지라며 원색적으로 비난하고 저주하는데, 읽기가 몹시 괴로울 정도입니다.

주께서는 경건한 사람들을 시련에서 건져 내시고, 불의한 사람을 벌하셔서 심판 날까지 가두어 두실 것입니다. 특히 더러운 정욕에 빠져서 육체를 따라 사는 자들과 권위를 멸시하는 자들을 그렇게 하실 것입니다. 그들은 대담하고 거만해서, 하늘에 있는 영광스러운 이들을 모욕하면서도 두려운 줄 모릅니다. (……) 그러나 그들은 본래 잡혀서 죽으려고 태어난 이성이 없는 짐승과 같아서, 알지도 못하는 일들을 비방합니다. 그러다가 그들은, 그 짐승들이 멸망하는 것처럼 멸망을 당할 것입니다. 그들은 자기들이 저지른 불의의 값으로 해를 당합니다. 그들은 대낮에 흥청대면서 먹고 마시는 것을 낙으로 생각합니다. 그들은 티와 흠투성이입니다. 그들은 여러분과 연회를 가질 때에도 자기들의 속임수를 즐깁니다. 그들의 눈에는 음녀만 보입니다. 그들은 죄짓기를 그치지 않습니다. 그들은 들뜬 영혼들을 유혹하며, 그들의 마음은 탐욕을 채우는 데 익숙합니다. 그들은 저주의 자식들입니다. (……) 이 사람들은 물 없는 샘이요, 폭풍에 실려 가는 안개입니다. 그들에게는 캄캄한 어둠이 마련되어 있습니다. 그들은 허무맹랑하게 큰소리를 칩니다. 그들은 그릇된 생활을 하는 자들에게서 가까스로 빠져나온 사람들을 육체의 방종한 정욕으로 유혹합니다. 그들은 사람들에게 자유를 약속하지만, 자기들은 부패의 종이 되어 있습니다. 누구든지 진 사람은 이긴 사람의 종노릇을 하게 되기 때문입니다. 우리의 주님이시며 구세주이신 예수 그리스도를 아는 지식으로 세상의 더러운 것들에서 벗어났다가 다시 거기에 말려들어서 정복을 당하면, 그런 사람들의 형편은 마지막에 더 나빠질 것입니다. 그들이 의의 길을 알고도 자기들이 받은 거룩한 계명을 저버리는 것보다, 차라리 그 길을 모르는 편이 더 좋았을 것입니다. "개는 자기가 토한 것을 도로 먹는다.", 그리고 "돼지는 몸을 씻고 나서 다시 진탕에 뒹군다."는 속담이 그들에게 그대로 들어맞았습니다.(베후 2:9~20)

오직 자기만이 선을 차지하고 있다는 생각은 파괴적인 독선을 불러옵니다. 자기들이 믿는 특정 교리나 규정을 절대 선이라고 생각하고, 그것을 받아들이지 않는 다른 사람을 인간 이하로 비난하고 저주하는 이러한 편협한 태도는 도덕적 완전주의가 변질된 한 예입니다. 이러한 태도는 분명히 예수가 가르친 원수 사랑과 함께하기 어렵습니다.

예수는 바리새파 율법학자들에 의해 "율법을 알지 못하고" "부정한 백성"으로 차별받던 세리와 죄인과 함께 식사를 했습니다. 그리고 그 일로 비난받을 때 "내가 온 것은 의인을 부르기 위해서가 아니라 죄인을 부르기 위해서다."라고 선언했습니다. 예수는 금욕 생활을 실천하기 위해 이 세상에서 벗어나라고 하지 않았습니다. 그는 오히려 "대식가이고 술고래이며 세리와 죄인의 무리"라는 비난을 받았습니다. 예수는 바로 이런 사람들의 위치에 서서 그들에게 죄인이라는 낙인을 찍는 종교 엘리트들을 향해 "세리나 창녀들이 너희들보다 먼저 하나님 나라에 들어갈 것이다."라고 선언한 것입니다.

물론 세리와 창녀처럼 부정하다고 경멸받던 사람들과 원수를 동일하게 볼 수는 없지만, 원수를 사랑하라는 예수의 급진적인 요구는 죄인들에 대한 하나님의 사랑과 일치합니다. 세상에서 사랑할 가치가 없고 오히려 미움의 대상이 되는 이를 사랑하라는 것입니다. 선인과 악인을 구별하는 인간의 가치 기준은 하나님의 사랑 앞에서 상대화됩니다. 원수 사랑은 인간을 향한 하나님의 자비에 대한 자발적 응답입니다.

예수의 하나님 나라 비유들

사마리아인 비유, 화해와 우정의 이야기 4

비유라는 독창적인 양식

앞서 예수의 가르침 가운데 가장 잘 알려져 있는 산상 설교를 살펴보았습니다. 이제는 예수가 활용한 가르침의 방식 가운데 가장 중요한 '비유'에 대해서 알아보려고 합니다.

예수의 활동은 크게 말을 통한 가르침과 치유나 행동을 통한 가르침으로 나눌 수 있습니다. 그러니까 예수는 때로는 말로 가르치기도 하고, 때로는 함께 식사를 나누고 병을 고쳐 주는 등 행동으로 보여 주기도 하면서 다양한 방식으로 가르쳤습니다. 나아가 그런 가르침을 통해 자신이 꿈꾸는 새로운 세상의 모습을 사람들이 함께 그려 보고 미리 맛보게 했습니다. 예수의 가르침 가운데 그가 전하고자 하는 내용과 형식이 하나로 녹아든 것이 바로 비유입니다. 이것은 예수의 선포에서 가장 핵심적인 부분입니다.

예수는 비유라는 아주 독창적인 구전 문학 양식을 사용해서 자신이 꿈꾸는 새로운 세계, 즉 하나님 나라를 사람들에게 그려 줍니다. 그것은 매우 독특한 것으로, 구약 성서나 그리스 문학 작품들에서도 같은 유형을 찾아보기 힘듭니다. 또 예수가 살았던 시대에 비유 이야기꾼이 있었다는 증거도 없습니다. 굳이 견주어 본다면, 구약 성서나 유대교의 격언·경구와 비슷한 점이 있습니다.

그러나 일반 격언이나 경구와 달리 예수의 비유는 이야기 구조를 띠고 있습니다. 기본적으로 구전 전승에서 비롯되었기 때문에 복잡한 이야기 구조를 지니는 것은 아닙니다. 그래도 허구적인 이야기 구조를 사용하기 때문에 일반적인 격언이나 경구, 속담 같은 것들과는 형태가 다릅니다. 이렇게 비유 전승이 희귀하다는 사실, 그리고 예수의 비유 주제가 일관되게 하나님 나라라는 사실은 예수의 비유가 지닌 독특함을 말해 줍니다.

형식 면에서 볼 때 비유의 가장 두드러진 특징은 비교입니다. 비유는 직접 말하려는 내용을 다른 것을 통해 비교함으로써 우회적으로 가리킵니다. 그래서 예수의 많은 비유들은 "그것은 ……와 같다."는 문구로 시작합니다. 좀 더 구체적으로 말하면, 예수의 비유는 하나님 나라라는 눈에 보이지 않는 것을 눈에 보이는 구체적인 대상과 지어낸 이야기를 통해 생생하게 제시합니다. 예를 들어 "아니 땐 굴뚝에 연기 나랴."라는 속담은 정작 연기나 굴뚝에 대해 말하는 것이 아닙니다. 이 속담은 모든 결과에는 그에 합당한 원인이 있다는 조금 무미건조하고 추상적인 내용을 구체적인 대상을 통해 쉽고 인상 깊게 전달합니다. 이처럼 예수의 비유도 하나님 나라라는 설명하기 어려운 내용을 구체적인 대상을 통해 쉽고 인상적으로 전달하는 효과를 냅니다. 이렇게만 보면 비유는 이야기를 효과적으로 전달하는 하나의 도구일 뿐입니다. 그러나 예수의 비유는 여기서 더 나아갑니다.

예컨대 우리가 시를 읽을 때 그 의미만 파악하고 시의 은유적인 언어들을 버린다면, 그것은 시 자체를 참살하는 행위입니다. 시에서 시적 은유를 제거하고 났을 때 남는 것은 의미가 아니라 죽은 문자들의 무덤이기 때문입니다. 시적 은유 없이 시가 말하려는 내용을 이야기할 수는 없습니다. 이런 의미에서 시적 은유야말로 시 자체입니다.

마찬가지로 예수의 비유는 단순히 하나님 나라에 대한 통찰을 제시하는 것이 아니라, 청중 가운데로 하나님 나라를 가져오고 그것을 경험하게 합니다. 시적 은유가 독자의 상상력을 자극하여 독자들 안에서 시적 현실 자체를 이루어 내듯이, 예수의 비유도 하나님 나라를 미리 경험하게 합니다. 따라서 비유와 예수가 전하는 하나님 나라는 분리할 수 없으며, 그 둘은 하나입니다. 시가 단순히 지시적 언어로 표현할 수 없는 것을 표현하고 경험하게 하듯이, 예수의 비유도 말로 표현할 수 없는 하나님과 하나님의 통치를 표현하고 경험하게 합니다.

아마도 비유의 이러한 특징 때문에 예수는 하나님 나라의 소식을 전할 때 비유라는 독특한 문학 양식을 선택했는지도 모릅니다. 예수는 비유로써 우리가 살아갈 세상을 새롭게 그립니다. 그리고 그런 비유들을 통해 청중은 그가 그린 새로운 세계에서 살아가는 방법을 배웁니다. 비유는 그 세계에 접근할 수 있는 유일한 길입니다.

그렇다면 비유는 어떻게 세계를 새롭게 그리고 있을까요? 이제 중요한 몇 가지 비유를 통해 그것을 경험해 보기로 하겠습니다. 먼저 사마리아인 비유, 흔히 '착한 사마리아인 이야기'라고 하는 비유를 살펴보겠습니다.

사마리아인 비유

어떤 사람이 예루살렘에서 여리고로 내려가다가 강도들을 만났다. 강도들이 그 옷을 벗기고 때려서 반쯤 죽게 된 채로 내버려 두고 갔다. 마침 어떤 제사장이 그 길로 내려가다가 그 사람을 보고 그를 피하여 지나갔다. 이와 같이, 레위 사람도 그곳에 이르러서 그 사람을 보고 피하여 지나갔다. 그러나 어떤 사마리아 사람은 그 길을 여행하다가 그 사람이 있는 곳에 이르러, 그를 보고 측은한 마음이 들어 가까이 가서 그 상처에 올리브 기름과 포도주를 붓고 싸맨 다음에, 자기 짐승에 태워서 여관으로 데려가 돌보아 주었다. 이튿날 그는 은전 두 닢을 꺼내어서 여관 주인에게 주고 말하기를, "이 사람을 돌보아 주십시오. 비용이 더 들면, 내가 돌아오는 길에 갚겠습니다." 하였다.(누

가 10:30~35)

　　기독교인이 아니더라도 들어 본 적이 있을 만큼 이 비유는 유명합니다. 그런데 이 비유는 누가복음서에만 나옵니다. 이 이야기는 가장 큰 계명이 무엇이냐는 질문으로 시작됩니다(누가 10:25~28). 즉 이 질문에 예수는 "네 이웃을 네 몸과 같이 사랑하라."고 하고, 이에 율법학자가 "누가 내 이웃입니까?"라고 되묻는 데서 이 비유가 시작됩니다. 그러니까 이 비유는 "누가 내 이웃입니까?"라는 율법학자의 질문에 대한 답으로 제시되고 있습니다.

　　그런데 이상한 것은 율법학자가 물어본 질문은 "누가 내 이웃입니까?"인데, 이 비유는 "누가 내 이웃이 되어 주었는가?"라는 질문에 답하고 있다는 점입니다. 비유에 이어지는 구절에서 예수는 율법학자에게 "너는 이 세 사람 중에서 누가 강도 만난 사람에게 이웃이 되어 주었다고 생각하느냐?"(누가 10:36)라고 묻고 있기 때문입니다. 말하자면 비유의 문맥인 율법학자의 질문과 비유 자체의 내용이 잘 맞지 않습니다. 이것은 원래 이 비유가 오늘날 누가복음서에 위치한 문맥과 상관없이 전해졌기 때문일 것입니다. 그렇다면 이 비유는 이웃의 정의에 대한 질문과는 분리될 수 있습니다. 사실 이웃의 정의에 대한 질문이야말로 관념적인 질문입니다. 어떤 의미에서는 바로 지금 곤경에 빠져 도움을 바라고 있는 이웃을 회피하면서 시간을 보내기에 좋은 질문입니다. 그래서 예수에게 어울리는 질문은 "내 이웃이 누구인가?"라는 질문보다는 "누가 내 이웃이 되어 주었는가?"라는 질문일 것입니다.

한편 마가복음서에는 이 비유가 나오지 않지만, 가장 큰 계명에 대한 질문과 그에 대한 예수의 답변을 싣고 있습니다(마가 12:28~34). 마가복음서에서는 가장 큰 계명이 무엇이냐는 율법학자의 질문에 예수가 답하고 자신의 답변에 동의한 율법학자에게 "너는 하나님 나라에서 멀지 않다."고 칭찬합니다. 율법학자의 이 질문이 누가복음서에서는 사마리아인 비유가 나오는 문맥에 해당하는데, 같은 질문이 마가복음서에서는 다른 문맥에 나옵니다. 이 사실 역시 사마리아인 비유와 누가복음서의 문맥이 처음부터 이어져 있던 것은 아니라는 점을 말해 줍니다. 그것을 연결한 것은 누가의 편집일 가능성이 높습니다.

그렇다면 이 비유가 무엇을 말하는지 살펴봅시다. 이 비유는 구체적인 장소, 즉 예루살렘에서 여리고로 가는 길에서 일어난 일을 이야기하고 있습니다. 예루살렘에서 여리고로 내려가려면 사막 지역을 통과해야 했는데, 그 길은 강도들이 출몰하는 곳으로 악명이 높았습니다. 이 비유의 특이한 점 가운데 하나는 등장인물들이 모두 혼자서 여행을 한다는 점입니다. 사람들은 보통 안전을 위해서 무리를 지어 이 길을 다녔습니다. 그런데 이 남자는 혼자 여행하다가 강도를 만났고, 강도들은 옷을 벗기고 때려서 이 남자를 반쯤 죽여 놓았습니다.

여기서 이 남자는 유대인이었을 거라고 가정해야 합니다. 왜냐하면 만일 유대인이 아닌 다른 민족 출신이었다면 예수가 이 비유를 이야기할 때 따로 언급했을 것이기 때문입니다. 유대인인 그는 강도를 만나 옷을 벗기고 두들겨 맞았습니다. 고대 사회에서는 옷이 사람의 지위를 드러냈습니다. 그렇기 때문에 옷을 벗겼다면 그는 아무것도 아닌 존재가 된 셈입니다. 게다가 그는 맞아서 반쯤 죽은 상태로 버려졌습니다.

이제 곤경에 빠진 그의 곁을 사람들이 지나갑니다. 맨 먼저 그 길을 간 것은 제사장(예루살렘 성전에서 의식이나 전례를 맡는 사람)이었는데, 그는 강도 만난 사람을 보고도 그냥 지나칩니다.

이런 상황에서 제사장이 취할 행동이 어떠해야 하느냐를 놓고 논란이 있습니다. 이 경우 제사장은 멈춰야 하는가, 지나쳐야 하는가? 이 문제는 반쯤 죽었다는 말을 어떻게 이해하는가에 달려 있습니다. 그 사람이 죽었다고 생각했다면 피하는 것이 맞습니다. 왜냐하면 시체와 접촉하면 시체의 부정이 전염된다고 여겼기 때문입니다. 레위기의 규정에 따르면 제사장은 시체를 만져서는 안 됩니다(레위 21:11). 그러나 미쉬나*와 탈무드**에는 이 규정을 여러 단계로 세분해서 말하고 있습니다. 이에 따르면, 만

---

* 율법의 여러 해석 가운데 세대를 거치면서 권위를 인정받은 해석들을 모아 편집한 책이다. 미쉬나는 농업, 이스라엘의 축제와 명절, 결혼과 이혼, 민법과 형법, 성전 예배, 정결과 부정함의 여섯 부로 구분되고, 각 부는 다시 63개의 소주제로 정리되어 있다.
** 율법을 해석한 미쉬나를 율법학자들이 다시 해석해서 편찬한 책. 탈무드에는 이 밖에 교훈적인 이야기들도 들어 있다.

일 그 시체가 버려진 것이라면 시체를 돌봐야 합니다. 그렇다 해도 그런 세밀한 규정들은 학식 있는 율법학자들의 토론에나 나오기 때문에 토라*에 나오는 일반 규정을 따르는 제사장으로서는 그런 세부 규정들을 무시할 수도 있었을 것입니다. 그러나 반쯤 죽었다는 말이 그 사람이 죽기 직전이라는 뜻이라면, 이때 제사장의 임무는 분명합니다. 제사장은 그 사람을 도와줘야만 합니다.

제사장이 그냥 지나친 데에는 다른 어떤 이유가 있었을지도 모릅니다. 쓰러진 남자는 미끼에 불과해서, 만일 그를 도우려고 멈추어 서면 강도들이 나타나 자기를 공격할지도 모른다고 생각했을 수도 있습니다. 그래서 신중히 생각한 끝에 제사장은 반쯤 죽은 사람을 내버려 둔 채 지나쳤는지도 모릅니다. 그러나 이 모든 추측은 전혀 소용이 없습니다. 왜냐하면 이 비유는 제사장의 행동에 대해 아무 이유도 제시하지 않기 때문입니다. 어쩌면 여기에는 제사장들을 향한 그 시대의 일반적인 반감이 담긴 것인지도 모릅니다. 제사장들이란 원래 그런 인간들이라는 것입니다. 어쨌든 이 비유는 제사장의 행동의 동기에는 관심이 없고, 행동만 기술하고 있을 뿐입니다.

똑같은 행동을 레위인도 반복합니다. 레위인과 제사장은 둘다 레위 지파에 속해 있습니다. 레위인들은 성전 예배를 위해서 고용된 사람들이기 때문에, 그들의 경우도 제사장과 똑같은 변

---

* 율법서, 곧 구약 성서의 첫 다섯 편인 창세기, 출애굽기, 레위기, 민수기, 신명기를 말한다.

명거리가 마련되어 있을 것입니다. 그렇지만 화자는 그런 변명
에 관심이 없습니다. 종교 엘리트에 속하는 제사장과 레위인, 이
두 사람은 곤경에 빠진 사람을 그냥 지나쳐 갔을 뿐입니다.

왜 하필 사마리아인일까?

브랜던 스콧이라는 신약 성서 학자는, 1세기 유대인 청중은 여
기까지 이야기를 들으면 다음에는 평범한 유대인이 등장하리라
기대했을 것이라고 합니다(Hear Then the Parable). 왜냐하면 당
시 제사장, 레위인, 평범한 유대인은 흔히 묶음으로 등장했기 때
문입니다. 그렇다면 다음에 등장할 인물은 당연히 평범한 유대
인입니다. 그러나 예상과 달리 '혐오스러운' 사마리아인이 나타
납니다.

사마리아인이 등장하는 대목에서 청중은 이 사람도 앞의 제
사장과 레위인처럼 행동하리라고 기대했을 것입니다. 그러나 사
마리아인은 그를 불쌍히 여겼습니다. 사마리아인은 그 사람의
상처에 기름과 포도주를 발라 붕대로 감아 주고, 여관으로 데려
갔습니다. 그는 여관 주인에게 그 남자를 잘 돌봐 주라고 부탁하
고, 더 들어간 비용은 돌아오는 길에 지불하겠다고 약속했습니
다. 아마도 청중은 사마리아인의 이런 행동에 매우 놀랐을 것입
니다. 사마리아인이 그런 행동을 하리라고는 상상조차 할 수 없
었기 때문입니다. 여기에서 '불쌍하게 여기는 마음'을 나타내는
그리스어 스플랑크스splangks는 내장과 관련이 있는데, 고대인

들에게 내장은 감정이 일어나는 자리로 여겨졌습니다. 이것은 우리말에서 '애가 끊어진다.'는 말과 비슷합니다.

유대인과 사마리아인 사이의 갈등을 짐작하기 어려운 우리로서는 사마리아인이 도움을 베풀었다는 이야기를 당시 청중이 어떻게 받아들였을지 상상하기 어렵습니다. 유대인들과 사마리아인들 사이의 적대 관계가 어떻게 해서 시작되었는지는 이미 오래전 역사의 뒷전으로 사라졌지만, 적대감만은 예수 시대에도 확고하게 자리 잡고 있었습니다.

모든 분노에는 다 이유가 있습니다. 유대인이든 사마리아인이든 서로를 향한 증오에도 정당한 이유가 있었을 것입니다. 유대인 쪽에서 보면, 사마리아인들은 예루살렘에서 올리는 유대인들의 예배를 거부했을 뿐만 아니라, 바빌론에서 포로 생활을 하고 돌아온 유대인들이 예루살렘을 복구하는 것을 방해했습니다. 기원전 2세기에 유대인들이 시리아와 전쟁을 벌일 때도 사마리아인들은 시리아를 도왔습니다. 그러나 사마리아인 쪽에서 보면, 유대인은 기원전 128년 그리심 산 위에 세운 사마리아인의 성전을 불태운 원수였습니다. 유대인에게 사마리아인은 인간이 아니었고, 사마리아인에게도 유대인은 인간이 아니었습니다. 몇백 년 전부터 이어 온 증오와 폭력의 불행한 역사 속에서 서로 상대방을 인간으로 대하지 않아도 될 정당한 이유가 있었습니다.

그러나 이 사마리아인은 미워해야 할 정당한 이유에 매달리지 않고, 자기 앞에서 도움이 필요한 구체적인 한 인간을 향해 손을 내밀었습니다. 사마리아인과 유대인이 아니라, 도움이 필요한 한 인간과 도움을 줄 수 있는 한 인간으로서 자연스럽게 만난 것입니다. 이것은 도움을 받는 사람의 처지에서도 마찬가지입니다. 어쩌면 그는 사마리아인의 도움을 받느니 차라리 죽겠다고 뻗댈 수도 있었을 것입니다. 그러나 그는 도움 앞에 온전히 자신을 맡깁니다.

사마리아인이 강도 만난 사람에게 동정심을 품고 그를 보살펴 주었다는 것은 대부분 유대인이었을 예수의 청중에게는 엄청난 충격이었을 것입니다. 그러므로 예수의 이 비유는 유대인들이 지닌 사마리아인에 대한 통념을 여지없이 무너뜨립니다. 이 비유에서 사마리아인이 자비를 베풀었다는 사실 자체가 결정적인 의미가 있습니다. 이 사마리아인은 단순히 어려움에 처한 사람에게 선행을 베푼 것만이 아니라, 유대인과 사마리아인 사이의 갈등의 한 당사자로서 증오와 분리의 벽을 깨뜨리고 넘어와 구체적인 한 인간에게 손을 내민 것입니다.

아마도 청중은 자신을 이야기 속 등장인물 가운데 누군가와 동일시할 준비가 되어 있었을 것입니다. 어떤 사람이 길을 가다가 강도를 만나 곤경에 빠지고, 지나가던 권세 있는 사람들은 그를 모른 척합니다. 당연히 청중은 마지막에 권세와 상관없는 보통 사람이 와서 그를 구해 줄 것이라고 기대하게 되고, 이 선행을 베푸는 작은 영웅과 자신을 동일시할 준비가 되어 있었을 것입니다. 단, 이 선행을 베푸는 사람은 자기들과 같은 유대인 보

〈착한 사마리아인〉

빈센트 반 고흐, 1890년

사마리아인이 힘을 다해 강도에게 당한 이를 말 위로 올리고,
강도 피해를 입은 이도 사마리아인에게 몸을 맡긴다. 둘 사이에는
증오의 벽이 허물어지고 신뢰가 싹튼다. 왼쪽 아래에 레위인이 뒷모습을
보이며 지나가고, 왼쪽 위 저 멀리로 제사장의 뒷모습이 보인다.

통 남자여야 했습니다.

그래서 자기들이 사람 취급 하지 않는 사마리아인이 곤경에 빠진 사람을 도와준다고 했을 때 청중은 크게 당황했을 것입니다. 사마리아인과 유대인 자신들은 결코 동일시될 수 없기 때문입니다. 강도를 만나 쓰러져 있는 사람도 어쩌면 이 사마리아인의 도움을 받기를 꺼렸을 수도 있습니다. 그러나 다른 방법은 없습니다. 그의 도움을 받든지, 아니면 곤경 속에 그대로 머물러 더 큰 곤경을 불러들이든지 둘 중 하나입니다. 청중도 마찬가지입니다. 사마리아인을 마음속에 받아들임으로써 유대인과 사마리아인 사이의 증오와 갈등의 벽을 허무는 첫걸음을 내딛든지, 아니면 기존의 낡은 통념 속에 그대로 머물러서 증오와 갈등의 벽을 더욱 높이든지 둘 중 하나의 가능성이 있을 뿐입니다.

집단 사이의 화해를 위해 필요한 것은?

우리는 이 이야기를 남북한 관계와 연관해서 이해할 수 있을 것입니다. 우리나라는 1945년 해방과 동시에 남한과 북한으로 분단되었습니다. 둘은 한국 전쟁을 비롯해 적대 과정을 겪으면서 서로를 원수로 여기고 있습니다. 아직도 많은 사람들이 우리나라의 주적은 북한이라고 생각하고 있을 것입니다. 그러나 역사를 공부해 보면, 실은 강대국과 소수 권력자들의 이해관계가 얽히는 바람에 서로를 향한 증오가 커졌습니다. 그 때문에 수많은 사람들이 희생당하고 가족끼리 생이별을 해야만 했습니다.

인간 대 인간으로 만나면 북한 사람도 남한 사람도 다 똑같은 사람입니다. 이 비유 속의 강도 만난 사람과 사마리아인도 유대인 대 사마리아인이라는 적대 집단의 일원으로서 만난 것이 아닙니다. 각자 한 인간으로, 다시 말해 도움이 필요한 한 사람과 도움을 줄 수 있는 한 사람으로 만났기에 화해가 가능했습니다. 남한과 북한도 서로를 옥죄는 모든 형식적인 제약과 껍데기를 벗어던지고, 서로를 필요로 하는 존재로서 만날 때 화해의 새 기운이 일어날 수 있을 것입니다.

사마리아인 이야기는 화해와 우정에 관한 이야기입니다. 어떻게 해서 원수가 친구가 되었는지를 이야기해 줍니다. 예수의 이 비유는 '우리'와 '그들' 사이에 더 이상 민족이나 국가, 계급으로 분리하는 벽이 존재하지 않고, 원수인 그들 가운데 하나가 우리를 돕는 새로운 세계를 보여 줍니다.

예수의 이 비유는 단순히 어려움에 놓인 사람을 자상하게 보살피고 그에게 자비를 베푸는 하나님 나라에서의 삶의 모습을 보여 주는 데 그치지 않습니다. 더 나아가 집단과 집단 사이의 화해에 대한 이야기를 해 주고 있습니다. 결국에는 개인들만이 아니라 공동체가 경계를 넘어서야 합니다. 그렇지만 언제나 그렇게 경계선을 넘는 것은 곤경에 빠진 한 유대인 때문에 마음이 움직인 최초의 사마리아인으로부터 시작합니다. 그런 사람들이야말로 우리를 위해 새로운 세계를 시작하는 것입니다.

잃은 아들 비유, 5
관용과 자비의 이야기

어떤 사람에게 아들이 둘 있는데, 작은아들이 아버지에게 말하기를 "아버지, 재산 가운데서 내게 돌아올 몫을 내게 주십시오." 하였다. 그래서 아버지는 살림을 두 아들에게 나누어 주었다. 며칠 뒤에 작은아들은 제 것을 다 챙겨서 먼 지방으로 가서, 거기에서 방탕하게 살면서 그 재산을 낭비하였다. 그가 그것을 다 탕진했을 때에, 그 지방에 크게 흉년이 들어서 그는 아주 궁핍하게 되었다. 그래서 그는 그 지방에 사는 어떤 사람을 찾아가서 몸을 맡겼다. 그 사람은 그를 들로 보내서 돼지를 치게 하였다. 그는 돼지가 먹는 쥐엄 열매로라도 배를 채우고 싶은 마음이 간절했으나, 주는 사람이 없었다. 그제서야 그는 제정신이 들어서 이렇게 말하였다. "내 아버지의 그 많은 품꾼들에게는 먹을 것이 남아도는데, 나는 여기에서 굶어 죽는구나. 내가 일어나 아버지에게 돌아가서, 이렇게 말씀드려야 하겠다. 아버지, 내가 하늘과 아버지 앞에 죄를 지었습니다. 나는 더 이상 아버지의 아들이라고 불릴 자격이 없으니, 나를 품꾼으로 삼아 주십시오." 그는 일어나서, 아버지에게로 갔다.

그가 아직도 먼 거리에 있는데, 그의 아버지가 그를 보고 측은히 여겨서, 달려가 그의 목을 껴안고 입을 맞추었다. 아들이 아버지에게 말하였다. "아버지, 내가 하늘과 아버지 앞에 죄를 지었습니다. 이제부터 나는 아버지의 아들이라고 불릴 자격이 없습니다." 그러나 아버지는 종들에게 명령하였다. "어서 좋은 옷을 꺼내서 그에게 입히고, 손에 반지를 끼우고, 발에 신을 신겨라. 그리고 살진 송아지를 끌어내다가 잡아라. 우리가 먹고 즐기자. 나의 이 아들은 죽었다가 살아났고, 내가 잃었다가 되찾았다." 그래서 그들은 잔치를 벌였다.

큰아들이 밭에 있다가 돌아오는데, 집에 가까이 이르렀을 때에 음악 소리와 춤추면서 노는 소리를 듣고, 종 하나를 불러서 무슨 일인지를 물어 보았다. 종이 그에게 말하기를 "아우님이 집에 돌아왔습니다. 건강한 몸으로 돌아온 것을 반겨서, 주인어른께서 살진 송아지를 잡으셨습니다." 하였다. 큰아들은 화가 나서 집으로 들어가려고 하지 않았다. 아버지가 나와서 그를 달랬으나, 그는 아버지에게 말하였다. "나는 이렇게 여러 해를 두고 아버지를 섬기고 있고 아버지의 명령을 한 번도 어긴 일이 없는데, 내게는 친구들과 함께 즐기라고 염소 새끼 한 마리도 주신 일이 없습니다. 그런데 창녀들과 어울려서 아버지의 재산을 다 삼켜 버린 이 아들이 오니까, 그를 위해서는 살진 송아지를 잡으셨습니다." 아버지가 그에게 말하기를 "얘야, 너는 늘 나와 함께 있지 않느냐?
또 내가 가진 모든 것은 다 네 것이 아니냐? 너의 이 아우는 죽었
다가 살아났고, 내가 잃었다가 되찾았으니, 즐거워하고 기뻐하는
것이 마땅하지 않겠느냐?" 하였다.(누가 15:11~32)

누가복음서의 문맥 – 적대자에 대한 답변

'돌아온 탕자' 비유라고도 불리는 이 비유는 아주 잘 알려져 있
습니다. 어린 시절 교회에 다닌 적이 있는 사람은 이 비유로 연
극을 해 봤을지도 모릅니다. 이 비유에는 극적인 요소들이 많이
있습니다. 작은아들이 자기 몫의 유산을 먼저 달라고 해서 먼 길
을 떠나 재산을 탕진하는 것도 그렇고, 그런 아들이 돌아오자 아
무 거리낌 없이 다시 맞아들이는 아버지도 그렇고, 또 불평하는
큰아들까지, 짧은 이야기 속에 여러 차례 극적인 전환이 이루어
집니다.

여기서는 우선 누가가 이 이야기를 자신의 복음서에 가져다
놓으면서 독자에게 어떻게 읽히기를 바랐는지, 예수가 말한 이
비유의 원래 의미는 무엇이었는지를 구분해서 살펴보겠습니다.

이 비유는 누가복음서에만 나옵니다. 두 개의 다른 비유, 즉
잃은 양과 잃은 동전 비유와 함께 나옵니다. 잃었다가 다시 찾는
다는 공통적인 동기가 있는 세 개의 비유, 즉 잃은 양과 잃은 동
전, 잃은 아들 비유가 나란히 나옵니다. 실제로 예수가 잃었다가
다시 찾는 것을 공통점으로 하는 세 비유를 한꺼번에 말했다기

보다는 누가가 그렇게 편집했다고 봐야 할 것입니다.

현재 배열되어 있는 대로 이 세 비유를 읽다 보면 잃은 물건이나 사람이 누구를 가리키는지 의문이 생깁니다. 이 비유 앞에는 세리와 죄인들이 예수의 말을 들으려고 예수에게 가까이 나오자 바리새파 사람들과 율법학자들이 "이 사람이 죄인들을 맞아들이고 그들과 함께 음식을 먹는구나."(누가 15:2)라고 투덜거리는 이야기가 나옵니다. 이 불평에 대해 예수가 잃은 양 비유, 잃은 동전 비유, 잃은 아들 비유를 말하는 것으로 되어 있습니다. 따라서 이러한 문맥과 관련해서 보면 잃은 양과 잃은 동전, 잃은 아들은 모두 '죄인'을 가리킨다고 볼 수 있습니다. 즉 세리와 죄인들이 예수에게 가까이 오는 것을 불평하는 적대자들을 향해 비유로 답변하는 것이라고 할 수 있습니다.

더욱이 잃은 아들 비유 앞에 나오는 잃은 양 비유와 잃은 동전 비유 끝에는 각기 "이와 같이 하늘에서는 회개할 필요가 없는 의인 아흔아홉보다 회개하는 죄인 한 사람을 두고 기뻐할 것이다."(누가 15:7, 10)라는 말까지 붙어 있습니다. 두 비유는 문맥과 유기적으로 잘 연결됩니다. 따라서 마지막에 나오는 이 비유도 그러한 문맥과 관련해서 읽는다면, 방탕한 작은아들은 예수와 함께한 죄인을 대표하고, 큰아들은 예수가 죄인들과 함께 먹고 마시는 것을 불평하는 사람들이라고 할 수 있습니다. 사실 이세 가지 비유는 하나님이 이스라엘과의 계약을 끝내고 새롭게 기독교 공동체를 선택했음을 보여 주려는 누가의 의도에 따라

기술적으로 잘 배열된 것입니다.

　그러나 본디 이 비유는 누가가 배열한 문맥과 상관없이 독립적으로 전승되었을 것입니다. 그러므로 이 비유를 문맥에서 분리해 따로 읽어도 그런 의미가 있는지 다시 생각해 봐야 합니다. 특히 이 비유 맨 마지막에 큰아들을 향해 아버지가 하는 말, "너는 늘 나와 함께 있지 않느냐? 또 내가 가진 것은 다 네 것이 아니냐?"라고 한 말을 있는 그대로 받아들인다면, 큰아들은 거부당하지 않습니다. 이것은 이 비유를 예수가 전한 하나님 나라는 이스라엘을 거부했다는 식으로 해석할 수 없다는 것을 의미합니다.

　그렇다면 예수가 원래 이 비유를 말했을 때 이것이 청중에게 어떻게 이해되었을까요? 이제 누가가 설정해 놓은 문맥과 상관없이 이 비유가 그 자체로 무엇을 이야기하려는지, 주로 브랜던 스콧이라는 신약 성서 학자가 제시한 해석을 따라 살펴보겠습니다.

비유 자체 속으로! – 자애로운 하나님 나라

잃은 아들이라는 이 비유는 형제간의 편애와 경쟁에 관한 고대 이야기 유형에 속합니다. 이런 이야기들은 동서양의 모든 문명권에서 보편적으로 나타납니다. 우리나라의 흥부와 놀부 이야기도 크게 보면 이러한 유형에 속합니다. 이 유형의 이야기들은 대개 작은아들을 편드는 경향이 있습니다. 이런 이야기에는 대개 성실하고 근면한 큰아들과 방탕하고 제멋대로인 작은아들이 나옵니다. 그리고 이상하게도 부모는 못난 작은아들을 더 사랑합니다. 사람들은 이런 이야기들에 끌리는 모양입니다.

고대 세계의 사회적 관습은 보통 개인보다 가족이나 집단을 지키려는 경향이 강합니다. 예를 들어 장남에게 재산의 대부분을 물려주는 동서양의 일반적인 관습도 그렇습니다. 재화가 한정된 상황에서 여러 형제들에게 재산을 나누어 주면 가족이나 가문의 물질적인 토대 자체가 무너질 위험이 있습니다. 때문에 가족이나 가문을 우선적으로 보호하기 위해서 장남 상속이 생겨난 것이라고 볼 수 있습니다. 원래 영국의 젠틀맨은 형제 중 장남이 아니어서 재산 상속에서 제외된 젠트리 계급에서 나온 말이라고 합니다.

이러한 고대의 관습과 통념에 비추어 볼 때 장남이 아닌 아들은 경제적으로 열악한 위치로 떨어진다는 것을 뜻합니다. 따라서 이들에 대한 일종의 보상 감정으로 그러한 이야기들이 생겨났을 수 있습니다. 그리고 사람들은 그런 이야기에 공감할 수 있었습니다. 아마 더 많은 사람들이 큰아들이 아닌 작은아들로 태어났기 때문인지도 모르지요. 또한 그런 이야기들은 가족 간의 애증과 가족을 갈라놓는 경쟁을 실감 나게 이야기하기 때문에 인기가 있었을 것입니다.

이 비유에는 두 아들을 둔 아버지가 등장합니다. 두 아들 중 작은아들이 아버지에게 와서 자기 몫의 유산을 요구합니다. 작은아들의 이런 행동은 아버지에 대한 공격이자 모욕이었습니다.

왜냐하면 아버지가 살아 있는 동안 유산을 요구하는 것은 그의 생명을 달라는 것이나 마찬가지기 때문입니다. 즉 고대인들의 시각에서 보면 그것은 아버지더러 죽으라고 하는 것이나 다름없었습니다. 그리스어 본문에는 이 점이 분명하게 나타납니다.

"아버지, 나에게 존재(ousia) 중에서 내 몫을 주십시오."
그래서 그는 형제들에게 그의 생명(bios)을 나눠 주었다.

청중은 이러한 아들의 요구에 경악했을 것이고, 또한 아버지의 행동을 바보 같다고 생각했을 것입니다. 위의 구절에서는 아버지가 아들에게 '생명을 나눠 주었다'고 말하고 있는데, 그것은 문자 그대로 사실입니다. 그는 아들을 위해 죽은 것입니다. 구약성서나 유대 문헌들에서는 아버지가 살아 있는 동안에 자식들에게 재산을 넘겨주지 말라는 경고가 거듭 나옵니다(신명 21, 시락 33:20~24). 앞서 말했듯이 이것은 가족의 재산이 흩어지지 않게끔 해서 가족과 가문을 지키기 위한 것입니다.

그러나 이러한 모든 지혜와 충고에도 아랑곳하지 않고 아버지는 자기 재산을 나누어 줍니다. 그리고 아들은 자신의 몫을 현금으로 바꾸어 먼 나라로 떠납니다. 아버지가 죽고 어머니와 자매들이 내주기 전까지는 일반적으로 재산을 현금으로 바꿀 수 없었습니다. 그러나 작은아들은 자기 몫의 유산을 받아 집을 떠납니다. 당시로 말하면 이것은 패륜이었습니다. 그런데 그의 패

륜은 이것으로 끝나지 않습니다. 그는 곧 돈을 다 써 버립니다. 그것도 방탕한 생활로 탕진해 버립니다. 그리스어 아소토스 asotos는 성적인 방탕을 암시합니다. 돈은 다 떨어졌고, 설상가상으로 기근이 몰아닥칩니다. 이제 작은아들은 나락으로 떨어집니다.

그는 이방인 밑에 가서 일했고, 그 사람은 그를 농장으로 보내 돼지를 치게 했습니다. 여기서 작은아들은 배교의 죄를 범하고 있습니다. 레위기는 돼지는 불결하므로 가까이해서는 안 된다고 분명히 말하고 있습니다(레위 11:7). 돼지를 치는 작은아들의 행동은 그가 조상들의 전통을 저버렸다는 것을 뜻합니다. 게다가 그는 돼지의 먹이를 나눠 먹으려고까지 했습니다. 밑바닥까지 내려간 것입니다. 다시 말해 바닥을 쳤습니다. 그는 정신을 차리고 일어납니다. 그는 아버지에게 고용된 종들까지 먹을 것이 많으니 아버지의 종이라도 되어야겠다고 마음먹습니다. 이제 이야기는 아들의 귀환으로 방향을 틉니다.

아들이 돌아오자 이야기의 초점은 아버지에게로 옮겨 갑니다. 아버지는 아들이 "아직도 먼 거리에 있는데" 그의 모습을 보게 됩니다. 아버지는 마치 아들을 계속 기다리고 있었던 듯 저 멀리 아들의 모습이 비치자마자 그를 알아봅니다. 그러나 고대의 통념에 비추어 보면, 그런 아들을 기다리는 아버지의 모습은 낯섭니다. 이 아버지는 바보고, 점잖지도 체면을 중시하는 인물도 아님이 분명합니다. 아마도 청중은 아버지가 엄하게 책망하고 박대하리라고 생각했을 것입니다. 그러나 아버지는 작은아들을 보고 측은히 여겨서 달려갑니다. 점잖고 예의 바른 노인은 위급한 상황이 아니면 뛰지 않습니다. 달릴 때는 옷자락이 펄럭거려서 다리가 드러나게 되는데, 그것을 수치스러운 행동으로 여겼기 때문입니다. 게다가 아버지는 작은아들의 목을 안고 입을 맞춥니다. 이때 사용된 그리스어 동사는 '거듭해서 입을 맞추다'라는 의미가 있습니다.

아들은 준비했던 말을 하고, 아버지는 아들의 귀환을 축하하는 잔치를 벌입니다. 여기서 가장 좋은 옷이란 아버지의 옷을 가리키고, 그의 손가락에 끼운 반지는 권한을 나타내는 인장을 말합니다. 발에 신긴 신발은 그가 종이 아니라 아들로 받아들여졌음을 뜻합니다. 또한 아버지는 종에게 살진 송아지를 잡아서 잔치를 준비하라고 명합니다. 특히 살진 송아지는 이 잔치가 큰 잔치임을 시사합니다. 일단 고기를 요리하면 다 먹어야 하고 그러지 않으면 상하기 때문에, 송아지 한 마리를 한꺼번에 먹을 수 있을 정도의 큰 잔치임을 알 수 있습니다. 아버지가 작은아들을 환영하는 잔치는 단순히 한 가정의 일이 아니라, 공개적으로 알려지고 온 마을이 함께 축하하는 일이 되었습니다.

아무래도 이 아버지는 좀 지나칩니다. 그는 작은아들을 책망하지도 않고, 왜 돌아왔는지 묻지도 않습니다. 이 아들은 제멋대로 행동하고 아버지를 모욕했으며, 유산을 탕진하고, 배교를 저질렀습니다. 그의 잘못은 헤아릴 수 없이 많습니다. 그러나 아버

〈되찾은 아들〉

렘브란트 판 레인, 1669년

아버지의 재산을 미리 받아서 방탕한 생활로 날린 작은아들이 돌아오자,
아버지는 아무 말 없이 다정한 손길로 무릎 꿇은 아들의 어깨를 어루만진다.
반면 오른쪽에 잘 차려입은 큰아들은 못마땅한 표정으로 서 있다.
그럼에도 예수가 전하는 하나님은 끝없이 용서하고 한없이 베푼다.

지는 아무런 판단도 하지 않고 아들에게 어떤 대가도 요구하지 않습니다. 아들이 돌아온 것입니다. 아무것도 물을 필요가 없습니다. 죽었다가 살아난 것입니다. 잃었다가 다시 찾은 것입니다. 이 아들은 그가 저지른 모든 잘못을 용서 받았습니다. 그는 죄를 지었지만 벌을 받지 않게 되었습니다.

이 비유가 속한 이야기 유형과 관련해서 본다면, 여기서 작은아들과 큰아들은 정형화된 역할을 하고 있습니다. 작은아들은 사고뭉치입니다. 그런데도 아버지는 그를 향한 사랑을 확실하게 보여 줍니다.

이제 아버지의 사랑을 그만큼 받지 못하는 큰아들이 등장할 차례입니다. 큰아들은 중요한 인물입니다. 당연히 그는 아버지의 일을 대신하고 있었을 것이고, 마을에서도 존경받았을 것입니다. 그는 열심히 일하는 사람이었고, 그래서 들에 나가 있었을 것입니다. 그는 잔치에 초대받지도 못했습니다. 그는 돌아올 때 음악 소리와 춤추는 소리를 들었습니다. 그는 어린 종을 불러 무슨 일인지 물었습니다. 이 대목에서는 밖에 있는 큰아들과 안에서 살진 송아지로 즐거운 잔치를 벌이고 있는 작은아들과 아버지를 대조하고 있습니다. 큰아들의 반응은 즉각적이면서도 강렬합니다. 그는 화를 냈고, 안으로 들어가기를 거부했습니다. 그는 아버지를 모욕하면서 아버지의 권위와 결정에 도전합니다.

그러나 밖으로 나온 이 아버지는 큰아들이 자신을 모욕하는 데 맞서지 않습니다. 오히려 자신의 결정을 받아들이라고 권합니다. 그는 큰아들에게 들어오라고 사정합니다.

그러자 큰아들은 자신의 행동과 작은아들의 행동을 날카롭게 비교합니다. 큰아들은 자기가 여러 해 동안 아버지의 종으로 일했다고 말합니다. 그는 아버지의 명령을 어긴 적이 한 번도 없습니다. 이와 대조적으로 (내 형제가 아니라) "이 아들"은 아버지의 생명(재산)을 갈보들과 탕진했습니다. 여기서 갈보를 나타내는 그리스어 단어는 위의 성서 본문에서도 그렇고 일반적으로 창녀로 번역되는데, 원래 그리스어의 의미를 표현하기에는 사실 너무 점잖습니다. 큰아들은 자신의 종살이와 복종에 대한 아버지의 대가가 보잘것없었다고 말합니다. "내게는 친구들과 함께 즐기라고 염소 새끼 한 마리도 주신 일이 없습니다." 큰아들은 아버지의 명예에 도전했을 뿐만 아니라 아버지를 모욕까지 했습니다. 이제 아버지가 더는 참아서는 안 됩니다. 화를 내고 자신을 모욕한 두 아들에게 본때를 보여야 합니다.

그러나 아버지의 반응은 전혀 예기치 못한 것입니다. 그는 큰아들을 "얘야."라고 부르며 말을 시작합니다. 이것은 매우 다정하고 친밀한 표현입니다. 더구나 아버지는 "너는 늘 나와 함께 있지 않느냐? 또 내가 가진 모든 것은 다 네 것이 아니냐?"라고 말합니다. 작은아들은 이 말을 충격적으로 받아들였을 것입니다. 이것은 어째서 큰아들이 화가 났는지 그 이유를 설명해 줍니다. 그는 아버지가 집안의 명예를 지키지 못한 것에 화가 났을 뿐 아니라, 가장 좋은 옷을 입고 인장 반지를 끼고 새 신발을 신고 있는 동생이 언젠가 다시 상속인이 될까 두려웠던 것입니다. 아버지에게는 원하기만 하면 그렇게 할 수 있는 힘이 있습니다.

이 아버지는 화를 자초하고 있습니다. 잔치가 벌어지는 곳에는 일이 잘 해결되어 제자리를 찾았다고 생각하는 작은아들이 있고, 밖에는 모든 재산과 지위를 가졌으면서도 화가 나 있는 큰아들이 있습니다. 아버지는 둘 가운데 누구를 선택해야 할까요?

작은아들에게도 큰아들에게도 관용과 자비를

이러한 유형의 이야기들에서 아버지는 대개 작은아들을 선택합니다. 그래서 누가도 예수의 적대자들이 죄인과 함께하는 예수를 비난하는 곳에 이 비유를 넣었습니다. 은연중에 독자들로 하여금 큰아들이 예수의 적대자인 바리새파 율법학자를 상징하는 것으로 이해하도록 만들었습니다.

그런데 앞서 큰아들에게 하는 아버지의 말에서 드러나듯이, 이 비유는 보통 그러한 이야기들이 진행되는 방향과는 다르게 흘러갑니다. 그리고 이 점은 아주 중요합니다. 작은아들을 편애하는 여느 이야기들과 달리, 이 아버지는 자기 아들을 둘 다 사랑합니다. 아들들이 무슨 짓을 해도 이 아버지는 끄떡없습니다. 작은아들은 아버지의 유산을 다 날려 버렸습니다. 그래도 아버지는 넓은 마음으로 그를 다시 받아들입니다. 큰아들은 환영 잔치에 함께하기를 거부하고, 작은아들을 받아들이기로 한 아버지의 결정을 따르지 않습니다. 그래도 아버지는 나와서 "얘야."라고 다정하게 그를 부릅니다.

스콧에 따르면, 이러한 유형의 이야기들은 대부분 한 등장인물을 희생시켜서 다른 등장인물을 영웅으로 만듭니다. 형제간의 경쟁을 다룬 이야기 공식에서는 늘 작은아들이 주인공이고, 큰아들은 적수 역할을 합니다. 그러나 이 이야기는 그렇지 않습니다. 분명히 이 아버지는 큰아들까지 받아들여, "너는 늘 나와 함께 있지 않느냐? 또 내가 가진 모든 것은 다 네 것이 아니냐?"라고 말합니다. 이처럼 이 이야기는 어느 한 아들의 편을 들지 않습니다.

사실 이 이야기에서 두 아들은 주인공인 아버지의 적수들입니다. 그러나 아버지는 그들과 화해합니다. 그들이 무슨 짓을 해도 이 아버지를 모욕하거나 격분하게 만들지 못합니다. 아버지는 언제나 아들들을 위해 자신의 명예를 헌신짝처럼 내버릴 준비가 되어 있습니다.

이런 아버지의 모습은 모성적입니다. 이 비유의 아버지는 먹을 빵을 마련해 주는 분, 여성적인 분입니다. 멀리서 작은아들이 돌아오기를 기다리는 아버지의 모습은 어머니에게 더 어울립니다. 그는 달려가서 아들의 목을 끌어안고 수없이 그에게 입을 맞춥니다. 아버지는 아들을 다시 맞는 어머니처럼 행동합니다. 큰아들을 대할 때도 아버지는 남성적인 체면 따위는 던져 버리고 간청하며 타이릅니다.

요즘은 좀 달라졌지만, 고대 세계에서 아버지는 늘 멀게 느꺼지고 아들들과 관계가 서먹서먹합니다. 그런데 이 비유에서 아버지는 전형적인 어머니의 역할을 하고 있습니다. 어머니가 자기의 헌신 대상인 자식들과 끝까지 긴밀한 관계를 유지하듯이, 이 아버지도 그렇습니다. 남성적 위계질서에 근거한 고대 세계의 일반 통념에 비추어 보면 이 아버지의 행동은 이해가 되지 않습니다. 모성적인 아버지의 모습이야말로 이 비유의 가장 낯설고 돋보이는 측면이 아닐까 생각합니다. 또한 이 아버지의 모성적인 모습이야말로 하나님 나라의 고유한 특성을 보여 주는 것이 아닐까 생각합니다. 하나님 나라는 복수와 형벌의 엄한 아버지의 세계가 아니라, 그지없는 관용과 자비를 베푸는 어머니의 세계라는 것입니다.

이 비유에는 큰아들이 잔치 자리에 들어갔다는 암시가 전혀 없습니다. 사실 그리스어 동사의 시제는 잔치가 이미 끝났음을 시사합니다. 잔치는 끝났습니다. 다음에는 무슨 일이 일어날까요? 늙은 아버지는 곧 죽을 것입니다. 그러면 어떻게 될까요? 만일 이 아들들이 지금처럼 행동한다면, 형제간의 증오는 살인을 부를 수도 있을 것입니다. 아니면 아버지의 방식대로 무슨 일이 있든지 따뜻하게 환영하고 받아들이며 상대방과 함께할 수도 있습니다. 즉 이 어머니 같은 아버지가 보여 준 은혜롭고 자비로운 선택을 할 수도 있을 것입니다. 하나님 나라에 이르는 길은 분명 그런 선택에 있다는 것을 이 비유는 말해 줍니다.

누룩 비유, 긍정과 축복의 이야기 6

하나님 나라를 경험하게 하는 이야기들

예수는 쉽게 말할 줄 알았습니다. 예수는 알아듣기 힘든 추상적이고 관념적인 언어로 듣는 사람을 괴롭히지 않았습니다. 그는 대부분 농부나 어부이던 청중의 삶 속에서 날마다 일어나는 일들을 이야기의 소재로 삼았습니다. 들판 어디서나 볼 수 있는 들꽃, 참새, 어미 닭과 병아리, 맷돌을 돌리는 여인, 그물에 걸린 물고기, 잃어버린 동전 한 닢을 찾아 온 집 안을 뒤지는 여인, 씨를 뿌리는 농부……. 이런 소재들은 당시 농부나 어부의 일상적인 삶 속에 널려 있는 것들이고, 나날의 삶 속에서 체험하는 것들이었습니다. 따라서 그 소재들을 은유로 사용했을 때 그들에게 친숙하게 다가가 상상력을 일깨울 수 있었고, 그들의 품성에 직접 영향을 미칠 수 있었습니다. 또한 예수는 일상적이고 익숙한 삶의 언어를 사용해서 그들의 고단한 일상 속에 유쾌한 삶의 가능성이 있음을 보여 주었습니다.

예수는 비유로써 하나님이 다스리는 세상을 그렸습니다. 그는 그 세상을 하나님의 나라라고 불렀습니다. 그는 하나님 나라가 어떤 것인지 단순히 설명만 한 것이 아니라, 이야기를 통해 그나라를 불러오고 청중이 스스로 그 나라를 경험하게 했습니다.

좋은 이야기는 단순히 이야기에 머무르지 않고 하나의 현실을, 다른 세상을 실제로 가져옵니다. 마치 우리가 어릴 때 어머니나 할머니가 들려준 이야기들이 일찍이 내가 경험하지 못한 '고향'과 '고향 사람들'을 이야기가 이루어지는 바로 그 자리로 가져오듯이 말입니다. 어릴 적 할머니가 들려준 이야기들은 할머니가 속한 땅과 공동체의 기억이었습니다. 그래서 이야기를 들으면서 우리는 그 이야기를 만든 공동체의 오랜 경험과 연결되고, 이야기가 만들어 내는 세상과 친숙해지는 삶의 여행을 할수 있는 것입니다. 그것은 보이는 세상이 전부가 아니라 실재를 경험하는 또 다른 방식이 있다는 것을 어렴풋이 깨달아 가는 과정입니다. 또한 그것은 상대방의 말에 귀 기울이면서 진정한 의미에서 타자(자기 외의 사람이나 나와 다른 것)를 발견하고, 다시나 자신의 감각으로 돌아오는 긴 여행의 시작이기도 합니다.

누룩 비유, 왜 하필 누룩일까?
이제부터 이야기할 누룩 비유에는 빵을 구우려고 반죽을 준비하는 한 여인이 등장합니다.

하늘나라는 누룩과 같다. 어떤 여자가 그것을 가져다가 가루
서 말 속에 숨기니, 마침내 온통 부풀었다.(마태 13:33)

하나님의 나라를 무엇에다 비길까? 그것은 누룩과 같다. 어떤
여자가 그것을 가져다가 가루 서 말 속에 숨기니, 마침내 온통
부풀어 올랐다.(누가 13:20~21)

누룩 비유에는 빵을 굽기 위해 반죽을 준비하는 여인이 등장
합니다. 이 비유를 읽어 가노라면 여인이 밀가루를 풀고 누룩을
넣고 물을 부어 가며 반죽을 빚는 장면이 자연스럽게 머릿속에
떠오릅니다. 예수는 이처럼 일상적이고 익숙한 삶의 언어를 사
용해서 삶 속에 감추어진 생생하고도 낯선 의미 세계를 펼쳐 보
입니다.

먼저 이 비유의 중요한 한 가지 요소인 누룩에 대해 살펴볼
필요가 있습니다. 실제 생활에서 누룩의 일차적인 기능은 발효
를 시킨다는 데 있습니다. 그런데 발효와 부패는 기본적으로 동
일한 과정입니다. 인간에게 유익한 미생물의 작용이 발효라면,
무익하거나 해로운 미생물의 작용이 부패입니다. 누룩을 넣은
빵이 부풀어 오르듯이 썩어 가는 시체도 부풀어 오릅니다. 시체
가 부풀어 오르는 것과 빵이 부풀어 오르는 것은 똑같은 이유에
서 벌어지는 일입니다.

이러한 이유 때문에 일반적으로 누룩이라는 은유는 부패와

관련된 부정적인 은유로 사용되었습니다. 다시 말해 고대 세계에서 발효의 과정은 흔히 도덕적 타락을 비유할 때 사용되었습니다. 이 비유에서 하나님 나라에 대한 비유로 사용되는 누룩의 이러한 측면은 그동안 별로 주목받지 못했지만, 최근 몇몇 학자들에 의해 중요하게 부각되었습니다.

스콧에 따르면, 신약 성서나 구약 성서나 일반적으로 누룩은 부정적인 은유로 사용되었습니다(마가 8:15, 마태 16:12, 누가 12:1, 갈라 5:9, 고전 5:6~8). 구약 성서에서 누룩을 넣지 않은 빵은 거룩함을 상징합니다. 누룩을 넣은 빵은 그 반대입니다. 그 때문에 유월절*에는 누룩 넣은 빵을 집 안에서 모두 없애야 했습니다. 아마도 누룩이 썩은 빵에서 나온 것이기 때문에 타락에 대한 은유로 사용된 반면, 누룩을 넣지 않은 빵은 반대로 신성함과 거룩함에 대한 은유로 사용되었을 것입니다. 그러므로 그 시기 유대인들의 종교 전통에서 볼 때, 누룩은 결코 하나님 나라에 대한 적절한 상징이 될 수 없었습니다.

그런데 이 비유에서는 하나님 나라가 부정하고 더러운 것과 동일시되고 있습니다. 하나님이 누추해진 것입니다. 스콧에 따르면 이 점은 이 비유를 이해하는 데 매우 중요합니다. 이것은 이 비유의 또 다른 중요한 요소인 여성과 관련해서도 마찬가지입니다. 고대 세계에서 여성은 일반적으로 부정한 존재로 여겨

---

* 유대 민족이 노예로 살던 이집트에서 탈출한 것을 기념하는 축제일.

졌습니다. 그러므로 여성이 하나님 나라처럼 거룩한 이야기에 나오는 것은 몹시 의외로 여겨졌을 것이고, 귀에 거슬렸을 것입니다.

이 여자가 가루 '서 말'에 누룩을 숨깁니다. 서 말은 적어도 100명이 먹을 수 있을 만한 양입니다. 청중은 아마도 이 여자가 큰 잔치를 준비하고 있다고 상상했을 것입니다. 그리고 이러한 잔치에 대한 상상은 평소 예수가 그를 따르는 무리와 함께 벌였던 밥상 공동체의 잔치로 이어졌을 것입니다. 예수는 자신을 따르는 무리와 더불어 밥과 뜻을 나누는 흥겨운 잔치를 자주 벌였습니다. 예수는 이러한 잔치 자리를 통해 민중이 밥을 먹고 뜻을 나누는 삶의 한가운데서 하나님 나라의 질서를 경험하게 했습니다. 그러므로 가루 서 말로 빵을 구우려는 여자는 어쩌면 예수가 민중과 더불어 벌이는 흥겨운 잔치를 준비하는 것인지도 모릅니다. 아마도 청중은 그렇게 연상했을 것입니다.

그런데 이 비유에서는 여자가 가루 서 말에 누룩을 '숨겼다'고 합니다. 이것은 하나님 나라가 숨겨져 있다는 뜻으로 이해됩니다. 또한 이 비유에서는 숨기는 것을 나타내는 데 뜻밖의 그리스어 단어를 사용했습니다. 즉 누가복음서에는 크립토krypto, 마태복음서에는 엔크립토enkrypto를 사용합니다. 이 단어들은 꽤 부정적인 의미가 있습니다. 이 두 단어를 정확히 번역하자면 '은폐하다'가 맞습니다. 말하자면 이 비유는 반죽 덩어리 속에 몰래 누룩을 감추어 숨기는 한 여자의 모습을 그리고 있습니다.

당시 예수의 청중이 지니고 있던 종교·문화 상징 체계와 관련해서 볼 때 이것은 아주 부정적인 이미지입니다. 그런데 예수는 그러한 부정적인 이미지를 하나님 나라의 통치와 연결합니다.

한편 마태에서 사용한 '하늘나라'와 누가에서 사용한 '하나님 나라'는 기본적으로 같은 의미입니다. 여기서 '나라'라는 말은 고대 그리스어 바실레이아basileia를 번역한 것입니다. 원래 이 말은 왕의 통치와 관련되어 있었고, 구체적으로는 로마 제국의 통치를 의미했습니다.

기원전 31년 옥타비아누스는 악티움 해전에서 안토니우스와 클레오파트라 연합군을 물리칩니다. 이로써 로마의 패권을 놓고 벌인 오랜 전쟁을 끝냅니다. 그리고 백성들에게 평화를 큰 선물로 가져다주었다는 뜻에서 팍스 로마나를 내세웠습니다. 그러나 팍스 로마나는 로마인에게나 해당하는 것이고, 식민지 사람들에게는 억압일 뿐이었습니다. 옥타비아누스는 제국에 새로운 질서를 세운 황제지만, 그 과정에서 공화정*을 무너뜨리고 가혹한 독재를 펼쳤습니다. 이 점에서는 그 후의 황제 티베리우스도 마찬가지였습니다.

로마 제국의 압제 아래 고통받는 사람들에게 로마 제국을 뜻하는 말 바실레이아는 부정적인 의미로 다가왔습니다. 그리고

---

* 국민이 선출한 대표자 또는 대표 기관의 의사에 따라 주권이 행사되는 정치를 말한다. 공화정은 왕이 다스리는 군주정과 대비되며, 로마의 공화정에서는 원로원 귀족들이 지배했다.

하나님의 바실레이아라고 했을 때, 그들은 분명히 로마 황제의 바실레이아와 대립되는 것이라고 알아들었을 것입니다. 하나님의 나라는 로마 황제와 그의 꼭두각시인 헤롯 안티파스의 지배 아래 어쩔 수 없이 피동적인 삶을 살아야 했던 갈릴리 농민들에게 다른 삶의 가능성을 제시하는 것이었습니다.

소외된 이들을 축복하는 하나님 나라

그러면 하나님 나라의 통치와 관련해 이 비유는 무엇을 말해 줄까요? 누룩이 반죽에 스며들어 발효시키는 것, 다시 말해 썩게 하여 부풀어 오르게 한다는 것은 결코 긍정적인 상징이 아니었습니다. 그런데 이 비유에서는 하나님 나라의 통치가 마치 누룩이 몰래 스며들어 반죽 덩어리 전체를 부풀게 하는 것과 같다고 말합니다. 하나님의 나라는 누룩을 넣지 않은 거룩한 빵이 아니라, 누룩을 넣은 부정한 빵과 같습니다. 그렇다면 누룩이라는 부정적인 상징이 하나님 나라를 위한 긍정적인 상징으로 바뀔 때 누가 그것을 기쁘게 받아들였을까요?

이 비유에 분개하는 사람들도 있었을 것입니다. 그때 지배계급에 속한 사람들이나 자신들만이 정결하다고 자부하는 바리새인들로서는 참을 수 없었을 것입니다. 반면 누룩에 해당하는 사람들에게 이 비유는 기쁜 소식이었을 것입니다. 그중에서도 가장 기쁘게 받아들였을 사람은 이 비유의 주인공인 여성들이었을 것입니다. 여성들이 하는 일상적인 행위, 즉 빵을 구우려고 반죽에 누룩을 넣는 것과 같은 행위를 통해 하나님 나라의 통치가 실현된다고 말하기 때문입니다. 또한 예수가 어울린 소외된 자들, 나병 환자들, 죄인들이 있습니다. 이 사람들은 구태여 정결하고 명망 있는 사람이 되지 않아도, 있는 그대로 자신을 긍정할 수 있게 되었습니다.

산상 설교의 복 선언도 이와 동일한 맥락입니다. 왜냐하면 거기서는 사회에서 축하받지 못하는 사람들을 축복하기 때문입니다. 가난한 사람들은 부자가 될 것이기 때문이 아니라, 가난하기 때문에 하나님 나라에 속해 축복을 받습니다.

사실 예수가 살던 사회에서 대부분의 사람들은 누룩 같은 사람들이었습니다. 오늘날의 중산층 같은 계층이 존재하지 않던 사회에서 소수의 부유한 지배층을 제외한 대부분의 사람들은 사회의 누룩이 되었습니다. 사회의 밑바닥에 위치한 그들은 복잡한 종교 계명이나 율법의 세칙 따위를 지킬 수 없었습니다. 예수의 이 비유는 로마 제국 아래에서 이중 삼중으로 수탈당하며 하루하루 힘들게 사는 대다수 가난한 사람들을 그 자체로 긍정해 줍니다. 미래에 그들이 도덕적으로 정당화되거나 축복받을 것이기 때문이 아니라, 현재 있는 그대로 그들의 삶 자체가 하나님 나라와 관련되기 때문에 긍정됩니다.

이 이야기는 그들로 하여금 웃음을 참을 수 없게 만들었을 것입니다. 연못에 파문이 일듯 사람들 가운데 웃음이 번져 나갔을 것입니다. 자신들을 불쌍한 희생자로서 동정의 대상이 아니

누룩과 같은 하나님 나라

여성이 밀가루 반죽에 누룩을 넣고 있다. 누룩곰팡이로 만드는 누룩은 밀가루
반죽을 발효시켜 부풀게 한다. 예수는 하나님 나라가 누룩과 같다고 말하며,
세상 사람들이 깔보고 하찮게 여기는 누룩 같은 이들을 그 자체로 긍정해 준다.

라, 자연스럽게 느끼고 생각하고 행동하는 존재로 인정해 줌으로써 하나님 나라 주인으로 끌어들이고 있음을 알아들었기 때문입니다.

예수는 그들을 향해 의인이 되라는 도덕 설교를 하지도 않았고, 그들의 처지가 기적적으로 나아지리라고 약속하지도 않았습니다. 다만 있는 그대로 그들의 존재를 밑바닥부터 긍정해 주었습니다. 어떤 방식으로든 하나님은 사회의 더러운 누룩인 그들 편에 계시다고 했습니다. 삶의 희망은 그런 방식으로 솟아날 수 있었습니다.

톨스토이의 『바보 이반』

누룩 비유에 나타나는 하나님 나라에 대한 예수의 생각은 러시아 작가 레프 톨스토이(1828~1910)의 한 우화에 잘 표현되어 있습니다. 톨스토이가 50대 이후 회심(어떤 결정적인 계기로 삶의 방향을 바꿈)하여 삶의 전환을 이루었고, 그러한 전환의 밑바탕에 러시아 농민을 향한 애정이 있었다는 사실은 잘 알려져 있습니다.

톨스토이는 삶의 전환을 이루는 과정에서 러시아의 농민을 새롭게 발견합니다. 즉 삶과 죽음, 신의 존재에 대한 질문으로 고뇌에 빠져 있던 톨스토이가 고개를 들었을 때 그의 눈에 들어온 것은 한없이 순박하고 선량한 모습으로 그의 옆에 있던 러시아의 농민이었습니다. 러시아 농민들은 평생 짐승처럼 당하기만 하면서도 순박함과 선량함을 간직하며 살았고, 톨스토이는 그들의 삶의 뿌리에 기독교 신앙이 있다는 사실을 발견했던 것입니다.

유럽의 여느 나라들과 달리 러시아에는 19세기 중반 이후까지 농노 제도가 남아 있었습니다. 러시아의 많은 젊은 지식인들은 이것을 러시아의 후진성의 증거이자 수치로 여겼습니다. 그래서 그들은 서유럽의 발전한 제도와 민주주의 이념을 이식해 사회 개혁을 이루고자 했습니다. 그러나 톨스토이는 생각이 달랐습니다. 그는 러시아 농민의 삶의 밑바탕에 흐르는 기독교 신앙을 신뢰했습니다. 톨스토이는 오직 하나님의 사랑과 그리스도의 가르침에 대한 믿음만이 더 좋은 세상을 만들 수 있게 해 준다고 생각했습니다.

톨스토이는 말년에 러시아 민담을 자기 나름으로 고쳐 써서 자기 농장의 농민들에게 큰 소리로 읽어 주었습니다. 그가 말년에 작품화한 민담 가운데 그의 사상을 가장 분명하게 표현하고 있는 것이 『바보 이반』입니다.

톨스토이는 첫머리에 "바보 이반과 그의 두 형인 군인 세몬과 배불뚝이 타라스, 벙어리 누이 말라니야와 큰 도깨비, 작은 세 도깨비의 이야기"라고 써 놓았습니다. 대문호가 역량을 발휘해서 야심만만하게 쓴 작품이 아니라 민중 사이에 떠돌던 민담을 전하는 것입니다. 그럼에도 읽어 보면 역시 톨스토이라는 감탄이 절로 나옵니다. 그의 묘사에 따라 생명을 부여받은 주인공들이 생생하게 살아 움직이니, 톨스토이가 땅과 농사와 농부들

〈밭 가는 톨스토이〉

일리야 레핀, 1887년

회심 후 톨스토이는 사회의 밑바닥에서 무시당하면서도 묵묵히 성실하게
살아가는 농민들을 옹호했다. 또한 자신도 농부로 살아가면서 소박한 일상과
자연에서 삶의 소중한 의미를 찾았다. 그림 속 톨스토이는 별다른 일 없이
평온해 보인다. 농민 출신인 화가 레핀은 자연 속에서 평화로운
톨스토이의 모습을 여러 차례 그렸다.

을 잘 알고 있었다는 것을 깨닫게 됩니다.

이 이야기에는 한편에는 세 형제 사이의 우애와 평화를 망쳐 놓고 싶어 하는 도깨비들이 있고, 다른 한편에는 제 욕심만 차리는 형들과 성실하게 사는 농부 이반이 있습니다.

두 형 세몬과 타라스는 각기 군인과 장사꾼으로 잠시 성공합니다. 그러나 만용과 욕심을 부리다가 도깨비의 꼬임에 넘어가 망하고, 결국 농부 이반에게 얹혀살게 됩니다. 도깨비의 술수에 걸려 망한 형들이 와서 살게 해 달라고 하자 이반은 "아, 그렇게 하시죠. 염려 말고 여기서 사세요." 합니다. 그러자 도깨비들은 이렇게 말합니다. "만약 그 바보가 남아서 농사를 지으면 그들은 별로 곤란을 받지 않게 될 거야. 그 녀석이 두 형을 부양할 테니까." 그래서 도깨비들은 셋째 이반도 망하게 하려고 합니다.

그러나 바보 이반만은 어떻게 해 볼 도리가 없습니다. 도깨비들이 땅을 돌처럼 굳혀 놓아도, 배를 아프게 해도, 쟁기를 부숴 놓아도, 이반은 여전히 묵묵히 농사를 짓습니다. 목장의 풀밭에 큰물이 들게 해도, 진흙투성이가 된 바닥을 상관도 않고 풀을 벱니다. 도깨비가 이반을 어떻게 해 보려고 애쓰는 대목을 보면, 이반이 바보일지는 몰라도 아주 훌륭한 농사꾼이라는 걸 알 수 있습니다.

더부살이하는 형들이 집이 좁다고 새 집을 지어 달라면 이반은 아무 말 없이 숲으로 가 나무를 해다 새 집을 지어 줍니다. 형수들이 냄새가 난다고 하면 밖에 나가 만머이를 줍니다. 이렇게 이반이 묵묵히 농사를 짓고 집을 짓고 말에게 먹이를 주기 때문에 형제들 사이에 평화가 있고 입에 밥이 들어갑니다. 몸뚱이에서 김이 무럭무럭 나서 마치 안개처럼 숲 속에 끼어도 이반은 일손을 멈추지 않습니다. 이반은 농부와 아낙네들에게 잔치를 베풀고 또 저도 먹습니다. 그가 없으면 형들도, 온 나라도 살 수가 없습니다. 무슨 일이 벌어지든 그가 꾸준히 농사를 짓기 때문에 모두가 살 수 있습니다.

도깨비들이 군사를 만들어 주겠다고 하면 이반은 그 군사가 노래를 부를 수 있냐고 묻습니다. 호밀 단으로 군사를 만들더라도 그 군사를 호밀 단으로 되돌릴 수 있는 방법을 알려 주지 않으면 알고 싶어 하지 않습니다. 도깨비들이 나뭇잎으로 돈 만드는 법을 가르쳐 주면 "어린애들이 가지고 놀기 좋겠는걸."이라고 할 뿐입니다. 그는 형들의 부탁을 무엇이든 들어주지만, 세몬에게 만들어 준 군대가 사람을 죽이고 미하일로브나의 암소를 빼앗아 가자 더는 만들어 주지 않습니다.

이반은 꿋꿋이 자신의 할일을 하다가 임금이 됩니다. 이반은 임금이 되고 나서도 계속 일을 하고 부모를 봉양하며 벙어리 누이와 함께 삽니다. 이 나라에서는 아무도 돈을 가지고 있지 않고, 모두 스스로 일하고 서로 도우면서 살아갑니다. 그러자 똑똑한 사람은 모두 이반의 나라를 떠나 버리고, 남은 것은 그저 바보뿐이었습니다. 이반의 나라는 바보 나라이고, 이 나라에서는 왕도 바보이고 백성도 바보입니다. 이반의 나라에서는 누구든오면 식탁에 앉아 대접을 받습니다. 그런데 이 나라에서 꼭 하나 지켜야 할 것이 있습니다. 그것은 일을 열심히 해서 손에 못이 박인 사람은 식탁에 앉지만, 손에 못이 박이지 않은 사람은 먹다 남은 찌꺼기를 먹어야 하는 것입니다.

하나님 나라를 닮은 바보 이반의 나라

회심 후 말년의 톨스토이는 자기 영지의 농민들과 함께 하루 여덟 시간씩 일하고 장화도 직접 만들었습니다. 일하다가 쉴 때면 마차 위로 올라가 자기가 고쳐 쓴 러시아 민담을 농부들에게 큰 소리로 읽어 주었습니다. 바보 이반 이야기도 그중 하나였을 것입니다. 이 이야기에는 말년에 이른 톨스토이의 사상이 잘 드러나 있습니다.

톨스토이는 군대뿐 아니라 근본적으로 국가 자체가 폭력적인 조직이라고 보았습니다. 또 사유 재산제에 비판적이었습니다. 그렇지만 사회주의 혁명 사상으로 기울지는 않았습니다. 그는 비폭력과 무저항이 악에 대항하는 싸움 수단이 될 수 있다고 보았습니다. 이런 그의 생각은 이 이야기 곳곳에 녹아들어 있습니다. 그리고 농민과 노동자가 토지 제도와 자본에 수탈당하는 데 분노했던 톨스토이는 이 이야기를 통해 농민이 꿈꾸는 행복한 삶이 어떤 것인지 보여 주고 있습니다. 국가와 자본이 개입하지 않을 때 농민은 땅에 뿌리를 박고 공동체를 이루어 스스로 일하고 서로 도우며 삽니다.

톨스토이가 바보 이반 이야기에서 묘사하는 이반의 나라는 사실 예수가 전한 하나님 나라라고 할 수 있으며, 바보 이반의 모습에는 예수의 모습이 겹쳐져 있습니다. 이반의 나라가 이 세상에 없다면, 하나님 나라도 이 세상에 없습니다. 그러나 톨스토이는 이야기 끝에 "이반은 오늘날까지 살아 있고 온갖 백성이 그의 나라로 몰려오고 있다. 두 형들도 그에게로 찾아와 그가 그들을 먹여 살리고 있다."고 썼습니다. 톨스토이의 바보 이반 이야기 속에서 이반의 나라는 존재하고, 예수의 비유 속에서 하나님 나라는 살아 있습니다.

돈과 권력이 세상을 움직인다는 것은 톨스토이의 표현을 빌리면 '도깨비장난'일 뿐입니다. 그것은 근대의 '신화'입니다. 이 신화가 통하는 까닭은 사람들이 그렇게 믿기 때문입니다. 사람들이 돈을 나뭇잎이나 종잇장이라 생각하고, 군대는 사람을 죽이는 기계가 아니라 노래하고 춤추는 인간이 될 수 있다고 생각한다면, 돈도 군대도 맥을 못 출 것입니다.

사실 돈이든 군대든 어떤 집단적인 믿음에 의지해서만 힘을 발휘합니다. 그러한 믿음이 사회에 자꾸 쌓이면 그것은 하나의 신화가 되어 아무도 부정하지 못하게 됩니다. 이쯤 되면 신화는 객관적으로 실재하는 것으로 여겨집니다. 신화가 '사실'이 되는 것입니다. 톨스토이의 바보 이반 이야기와 예수의 하나님 나라 비유들 속에서 그 신화는 무너집니다. 거기서는 그런 신화를 그저 공격하는 것이 아니라 새로운 세계를 탄생시킵니다.

예수의 공동체 회복 운동

사람이 주인이다 7

복음서는 예수의 가르침과 활동으로 나누어 볼 수 있습니다. 앞에서는 산상 설교와 예수의 비유, 즉 예수의 가르침을 중심으로 살펴보았습니다. 이제 살펴볼 것은 예수의 활동에 해당하는 기적과 밥상 공동체 운동, 그리고 부활 이야기입니다. 이것들은 앞서 다룬 예수의 가르침과 견주면 이야기 구조가 있는 서사 전승이라고 할 수 있습니다. 이 장에서는 그러한 예수의 행적을 본격적으로 살펴보기 전에 그 중간 형태라고 할 수 있는 '장면-말'을 다루고자 합니다.

이 양식은 예수의 인상적인 짧은 말과 그 말에 어울리는 간단한 장면이 결합된 형태입니다. 이러한 경우 흔히 예수의 가르침이 핵심을 이루며, 그 배경이 되는 장면보다 더 중요한 의미가 있습니다.

여기서는 이러한 장면-말 가운데 대표적인 것 두 가지를 다루려고 합니다. 하나는 "나는 의인들을 부르러 온 것이 아니라 죄인들을 부르러 왔다."(마가 2:17)는 말이고, 다른 하나는 "안식일이 사람을 위해서 생긴 것이지 사람이 안식일을 위해서 생긴 것이 아니다."(마가 2:27~28)라는 말입니다.

이 두 말은 모두 그 말에 어울리는 장면과 결합되어 있습니다. 그리고 둘 다 예수의 사회적 회복 운동의 핵심 정신을 담고 있습니다. 그것은 사람이 하나님 나라의 주인이라는 것이고, 그중에서도 죄인이라고 낙인찍힌 민중이 하나님 나라의 주인이라는 것입니다.

장면 – 말 1. "나는 죄인을 부르러 왔다."

예수께서 다시 바닷가로 나가셨다. 무리가 모두 예수께로 나아오니, 그가 그들을 가르치셨다. 예수께서 길을 가시다가 알패오의 아들 레위가 세관에 앉아 있는 것을 보시고 "나를 따라오너라." 하고 말씀하셨다. 레위는 일어나서 예수를 따라갔다. 예수께서 그의 집에서 음식을 잡수시는데, 많은 세리와 죄인들도 예수와 그의 제자들과 한자리에 있었다. 이런 사람들이 예수를 많이 따르고 있었기 때문이었다. 예수께서 죄인들과 세리들과 함께 음식을 잡수시는 것을 보고 바리새파의 율법학자들이 예수의 제자들에게 "어찌하여 저 사람은 세리들과 죄인들과 어울려서 음식을 먹습니까?" 하고 말하였다. 예수께서 그 말을 듣고 그들에게 말씀하셨다. "건강한 사람에게는 의사가 필요하지 않지만, 병든 사람에게는 필요하다. 나는 의인을 부르러 온 것이 아니라 죄인을 부르러 왔다."(마가 2:13~17)

마가복음서 문맥에 따르면, 예수가 레위를 부르는 이 이야기는 가버나움 마을을 배경으로 합니다. 가버나움은 갈릴리 호수 서북 해안에 있었고, 레위가 앉아 있던 세관은 헤롯 안티파스가 다스리던 갈릴리에서 그의 형제인 빌립의 영토(가울란티스, 드라고닛)로 넘어가는 경계에 있었습니다. 아마 레위는 이곳을 통과하는 여행객들에게서 관세를 받았을 것입니다.

로마 치하 유대인들에게는 직접세*의 일종인 토지세·인두세·가옥세가 있었고, 간접세로는 관세·통행세·항만세·시장세 등이 있었습니다. 이 밖에 인력이나 동물을 징발하는 강제 부역의 의무도 부과되었습니다(마태 5:41). 로마의 역사가 타키투스(56?~120?)는 오늘날 영국에 해당하는 브리타니아에서 로마의 침략에 저항한 칼가쿠스라는 장군의 말을 인용하는데, 그것은 로마 치하 식민지 어디에나 해당하는 말이었습니다. 그는 이렇게 탄식했다고 합니다. "우리의 영토와 재물은 조공이 되고, 땅의 연간 소출은 곡물세가 되고, 우리의 몸뚱이와 양손은 구타와

---

* 세금을 부담하는 사람과 납부하는 사람이 일치하는 세금을 직접세라 한다. 반면 세금을 부담하는 사람과 납부하는 사람이 일치하지 않는 세금을 간접세라 한다. 예를 들어, 음료수를 가게에서 사면 10퍼센트의 세금을 소비자가 같이 계산하고 그것을 가게 주인이 납부하는데 이런 것이 간접세다.

모욕을 당하면서 숲과 늪을 길로 만드는 데 이용당한다"(『아그리콜라 전기』 31,1).

로마의 식민지인 유대에서 왕으로 임명된다는 것은 실질적으로는 그 지역의 세금을 징수할 수 있는 권한을 위임받았다는 것을 의미합니다. 고대 사회의 주된 수탈 방식은 조세 제도였고 로마는 유대 왕을 내세워 이를 실행합니다. 실제로 헤롯 왕이 죽은 뒤 로마는 그의 세 아들에게 각기 수입량, 다시 말해 가능한 조세 징수액을 할당합니다. 아켈라오에게는 유다와 사마리아를 차지하게 하고 수입 400달란트를, 안티파스에게는 갈릴리와 베레아를 통치하게 하고 수입 200달란트를, 빌립에게는 가울란티스와 드라고닛를 통치하게 해서 수입 100달란트를 할당합니다.

달란트는 무게 단위로, 1달란트는 금 약 20킬로그램이었다고 합니다. 당시 일용 노동자의 하루 임금이 1데나리온이었고, 1달란트는 6,000데나리온에 해당했다고 합니다. 그러니까 그 시절 일용 노동자가 16년 반 정도를 하루도 빠짐없이 일하면서 쓰지도 않고 그대로 모았을 때 1달란트 정도의 금액을 모을 수 있었다는 계산이 나옵니다. 헤롯 왕의 세 아들은 그것의 100배, 200배, 400배 정도나 되는 조세 징수권을 할당받았던 셈입니다.

그렇다면 식민지 지배자들은 어떤 방식으로 세금을 거두었을까요? 그들은 세금 임차업으로 세금을 거두었습니다. 그것은 일종의 세금 민영화라고 할 수 있습니다. 유대 지역은 기원전 4세기 무렵부터 세금 임차업을 통해 세금을 징수하고 있었습니다. 이것은 행정관들이 조세 징수의 책임을 직접 지는 것이 아니라, 조세 임차인이나 조세 청부업자 같은 조세 징수인을 통해 간접적으로 거두어들이는 제도였습니다. 조세 징수권은 보통 해마다 최고 금액을 제안하는 사람에게 주어졌습니다. 물론 임차인과 그 보증인들은 할당된 양을 징수하지 못할 경우 최종 위험 부담을 졌습니다. 그렇지만 정해진 할당량 이상을 획득했을 때는 이익을 챙겼습니다. 그러므로 이들이 집요하게 세금을 거둬들이고자 애썼으리라는 것을 짐작할 수 있습니다.

아마도 영리하고 유능한 관료의 머릿속에서 탄생했을 이 세금 징수 제도는 국가의 처지에서는 매우 편리한 제도였겠지만, 세금을 내야 하는 농민의 처지에서는 재앙이었습니다. 세금은 고대 사회의 전형적인 수탈 방식이었으므로 유다 왕가의 지배를 받든, 로마의 지배를 받든 달라지지 않았습니다. 아니, 더 나빠지기는 했습니다. 이제 세금을 거둬 가는 집단이 더 늘어났기 때문입니다. 그것도 지금까지와는 비교가 안 될 정도로 힘이 센 로마가 들어와 버티고 선 것입니다.

이 이야기에 등장하는 레위는 바로 이러한 조세 제도 안에서 기능하는 한 사람의 세리였습니다. 아마도 그는 로마 총독과 계약을 맺은 징세 청부인에 의해 현지 주민 중에서 고용된 세리였을 것입니다. 그가 거둬 온 돈은 황제의 개인 금고로 들어가고, 그다음으로 일부가 갈릴리 영주 헤롯 안티파스의 금고로 들어갔을 것입니다. 이 모든 체제의 최일선에서 뛰는 사람이 세리였는데, 레위는 그런 사람 중 하나였던 것입니다.

당시 세리는 주로 두 가지 이유에서 유다와 갈릴리 주민에게 증오의 대상이 되었습니다. 첫째, 세리는 율법에서 멀어진 로마인의 앞잡이였습니다. 즉 자기 몸을 더럽히면서 자기 민족에게서 무거운 세금을 거두고 있었습니다. 둘째, 징세가 청부 제도였기 때문에 세리는 청부액을 넘게 세금을 거두어서 차액으로 자기 주머니를 채우는 경우가 많았습니다. 그들은 도덕적으로도 허락될 수 없는 존재였습니다.

이처럼 세리는 사회·경제적으로도 종교적으로도 증오의 대상이자 부정한 죄인이었습니다. 레위도 예외가 아니었을 것입니다. 그런데 예수는 이러한 세리 레위에게 자기를 따르라고 명했고, 그는 예수를 따랐습니다. 이것은 예수가 인간을 어떤 집단이나 부류로 낙인찍고 그 사회적인 낙인에 따라 한 인간을 평가하고 대한 것이 아니라, 스스로 결단해서 삶의 변화를 이룰 수 있는 고유한 개인으로 대했다는 것을 말해 줍니다.

로마 제국의 식민지로서 유대 사회가 겪는 수탈의 심각성을 고려할 때, 그 악랄한 체제의 최전선에 있던 인물을 예수가 받아들였다는 것은 시사하는 바가 큽니다. 그것도 예수가 가난한 사람들을 위한 하나님 나라에 대한 이상을 결코 양보하지 않으면서, 한 개인을 그 선의에 따라 있는 그대로 받아들였다는 점이 중요합니다.

예수는 레위의 집에 초대받아 식사 자리에 있습니다. "많은

〈예수의 부름〉

헨드릭 테르 브루겐, 1621년

왼쪽 끝에 있는 예수가 레위를 부르는 모습이다. 레위는 자신을 가리키며
자기가 맞느냐고 되묻고 있다. 레위는 이 부름으로 안정된 직업을 버리고
예수를 따르게 된다. 한편 오른쪽에는 탐욕스러워 보이는 이가 동전을 세는 데
몰두해 있다. 예수는 기꺼이 '로마인의 앞잡이'인 세금 징수원과도 어울렸다.

세리와 죄인", 그리고 예수의 제자들까지 동석한 것을 보면 레위는 꽤나 큰 집에서 살고 있었던 듯합니다. 그는 어쩌면 여리고의 세리 삭개오처럼 "세리장이고 부자"(누가 19:2)였을 것입니다.

유대인에게 식사는 두 가지 의례적인 의미가 있습니다.

하나는 '유월절 식사'를 기억하는 것입니다. 유월(passover)이란 기원전 1250년께 이집트에서 노예 상태에 있던 이스라엘 백성이 모세의 인도를 받아 탈출할 때 일어난 사건과 관련이 있습니다. 출애굽기에 따르면 이때 파라오가 이스라엘 백성을 보내 주지 않자 하나님은 이집트에 여러 가지 재앙을 일으킵니다. 그중에 마지막으로 하나님이 이집트에서 각 집의 맏아들을 죽이겠다고 했는데 이때 하나님의 사자가 이스라엘 사람의 집을 그냥 지나갔다(pass over)는 것입니다. 하나님은 이 유월을 기념하여 양을 잡아 불태우고, 누룩 없는 빵으로 식사를 하도록 모세에게 명했습니다. 그래서 유대인은 오늘날까지 하나님의 이 명령을 따르고, 그들의 태음력으로 니산월 14일(태양력으로는 3월 말부터 4월 초)에 유월절 식사를 함께 하며 이집트 탈출을 축하합니다. 그리고 날마다 하는 식사 역시 이 사건을 기억하는 것이었습니다.

또 하나는 나라를 잃고 이민족의 지배를 받던 유대인들 사이에 널리 퍼져 있던 믿음과 관계가 있습니다. 그것은 이 세상의 종말에 앞서 메시아가 등장하고 하나님 나라를 실현할 때, 메시아는 이스라엘 성도들과 함께 최종적인 유월절 식사로 종말론적 잔치를 열 것이라는 믿음입니다. 그리고 날마다 하는 식사는 미래에 있을 이 종말론적 잔치를 미리 맛보는 것이라고 여겼습니다. 복음서들에 따르면 예수는 수난 전날 밤 열두 제자와 함께 최후의 만찬을 했다고 합니다. 누가복음서 22장 15~16절에 따르면 이것은 '유월절 식사'였습니다. 예수는 이때 "유월절이 하나님 나라에서 이루어질 때까지, 나는 다시는 유월절 음식을 먹지 않을 것이다."라고 합니다. 이러한 말씀은 종말론적 메시아 잔치에 대한 기대와 관련시키지 않으면 이해하기 어렵습니다.

이와 같이 식사는 유대인에게 의례적인 의미가 있습니다. 이 때문에 바리새파처럼 정결을 중시하는 종교 엘리트는 부정한 백성과 함께 식사하는 것을 금기시했습니다. 예수와 그 제자들이 함께 식사를 했다는 세리와 죄인이 바로 이 '부정한 백성'에 해당합니다.

사회적 낙인을 걷어 내다

당시 유대교에서는 유대교 율법과 그것을 후대 율법학자들이 해석한 율법 세칙들에 근거해서 특정 인간, 또는 인간 집단을 부정하다고 판단했습니다. 예를 들면 모세의 십계명에 따라 유대인은 우상숭배를 해서는 안 됩니다. 이 때문에 유대인의 관점에서 보면 우상을 숭배하는 이방인은 부정하고, 그들을 섬기는 세리도 이방인의 부정함에 오염되어 있습니다. 창녀는 간음을 금한 모세의 십계를 위반하기 때문에 부정한 백성, 즉 죄인입니다. 율법학자들에 따르면 목자도 죄인의 범주에 들어갑니다. 왜냐하면 그들은 양을 이웃 소유의 목초지에 방목할 수밖에 없으므로 '도적질하지 말라', '이웃의 물건을 탐하지 말라'는 모세의 십계명을 위반하기 때문입니다.

이렇게 보면 '죄인'이란 직접 죄를 저지른 사람만이 아니라 율법과 고대의 금기를 지키지 않아 부정하다고 여겨진 사람들을 가리키는 사회적 개념이었습니다. 따라서 바리새파 율법학자들이 예수의 제자들에게 "어찌하여 저 사람은 세리들과 죄인들과 어울려서 음식을 먹습니까?" 하고 질문한 것은 그 시절 유대인의 가치 기준에 따라 판단하면 오히려 당연하다고 말할 수 있습니다.

"건강한 사람에게는 의사가 필요하지 않지만, 병든 사람에게는 필요하다."는 말은 그 무렵 로마 세계에 잘 알려져 있던 경구입니다. 이 말은 플루타르코스(46?~120?)의 『윤리집』에도 나옵니다. 이것만으로는 예수의 가르침에서 특이함이 잘 드러나지 않습니다. 다음에 나오는 "나는 의인을 부르러 온 것이 아니라 죄인을 부르러 왔다."는 말이 예수의 활동을 아우르는 핵심입니다. 예수의 이 말은 그 시대의 고정 관념을 물구나무 세우고 있습니다. 이 말은 자신의 행동 때문에, 또는 주어진 삶의 조건 속에서 죄인으로 낙인찍히고 차별받으며 공동 식사에서 배제당한 사람들을 초대하는 말입니다. 또한 '죄인'에게 삶의 변화를 촉구하는 말이기도 합니다. 이는 죄인에게는 참으로 복음이었으며, 동시에 스스로 의인이라고 생각하고 있던 사람들에게는 심각한 도전이었습니다. "건강한 사람에게는 의사가 필요하지 않지만, 병든 사람에게는 필요하다."는 말에서 '건강한 사람'은 '의인'의 비유적 표현이며, '병자'는 지금 예수의 초대를 받은 '죄인'에 해당한다고 할 수 있습니다.

이 이야기 앞에는 병자 치유에 관한 이야기들이 있습니다. 특히 이 이야기 바로 앞에는 중풍 병자 치유 이야기가 나오는데, 거기서 예수는 중풍 병자에게 "네 죄가 용서함을 받았다."고 선언합니다(마가 2:9). 말하자면 예수가 의인과 죄인에 대한 편견을 무너뜨린 데에는 '죄의 용서'라는 전제가 있었던 것입니다. 이때 죄라는 것은 구체적으로 그가 저지른 범죄라기보다는 그를 부정한 존재로 낙인찍게 만드는 그의 운명을 뜻합니다.

이제 그는 그러한 부정적인 운명에서 벗어났습니다. 그리고 그러한 용서는 의인, 즉 건강한 사람이 죄인이나 병자와 함께 밥과 삶을 나누는 것을 받아들여야 한다는 의미를 담고 있습니다. 예수가 죄인인 세리 레위를 부르고, 그의 집에서 식사 자리에 앉고, 많은 세리와 죄인도 예수와 제자들과 동석했습니다. 그렇다면 오늘날 예수를 따르고자 하는 교회 역시 부정한 사람들, 이방인들, 죄인들과 함께해야 합니다. 예수는 의인이 아니라 죄인을 부르러 왔기 때문입니다.

장면 – 말 2. "안식일이 사람을 위하여 있는 것이다."

안식일에 예수께서 밀밭 사이로 지나가시게 되었다. 제자들이
길을 내면서 밀 이삭을 자르기 시작하였다. 바리새파 사람이
예수께 말하였다. "보십시오, 어찌하여 이 사람들은 안식일에
해서는 안 되는 일을 합니까?" 예수께서 그들에게 말씀하셨다.
"다윗과 그 일행이 먹을 것이 없어서 굶주렸을 때에, 다윗이
어떻게 하였는지를 너희는 읽지 못하였느냐? 아비아달 대제사
장 때에 다윗이 하나님의 집에 들어가서, 제사장들밖에는 먹지
못하는 제단 빵을 먹고 그 일행에게도 주지 않았느냐?" 그리고
그들에게 말씀하셨다. "안식일이 사람을 위하여 생긴 것이지,
사람이 안식일을 위하여 생긴 것이 아니다. 그러므로 인자는
안식일에조차도 주인이다."(마가 2:23~28)

"안식일이 사람을 위하여 생긴 것이지, 사람이 안식일을 위
하여 생긴 것이 아니다."라는 유명한 말은 안식일에 밀 이삭을
자른 이야기 끄트머리에 나옵니다. 이는 앞에서 다룬 레위를 부
른 이야기에서 "나는 의인을 부르러 온 것이 아니라 죄인을 부
르러 왔다."는 말과 연결해서 이해할 때, 예수 활동의 핵심적인
의미가 드러납니다. 그것은 예수가 추구했던 바는 그 어떠한 법
과 제도보다도 인간이 우선이라는 정신에 서 있으며, 그중에서
도 어떤 방식으로든 죄인으로 낙인찍힌 사람을 최우선으로 한다

는 것입니다. 이 말은 아주 급진적인 의미가 있습니다. 왜냐하면 이것은 어느 시대건 사회가 정해 놓은 틀 안에서 법과 규율, 또는 기존의 도덕을 따름으로써 안전하게 선을 추구하려는 경향을 정면에서 뒤집기 때문입니다.

이 이야기는 안식일에 일어난 사건을 중심으로 전개됩니다. 안식일은 원래 고대 이스라엘 농경 사회의 휴식일이었습니다. 예를 들어, "너희는 엿새 동안 모든 일을 힘써 하여라. 그러나 이렛날은 주 너희 하나님의 안식일이니, 너희는 어떤 일도 해서는 안 된다. 너나, 너희 아들이나 딸이나, 너희의 남종이나 여종뿐만 아니라, 너희의 소나 나귀나, 그 밖에 모든 집짐승이나, 너희의 집 안에 머무르는 식객이라도 일을 해서는 안 된다. 너희의 남종이나 여종도 쉬게 하여야 한다."(신명 5:13~14)는 말에는 농경 사회의 생활 방식이 잘 드러나 있습니다. 이처럼 농경 사회의 휴식 규정이던 것이 율법 규정이 된 것은 훨씬 뒤였습니다.

유대교는 구약 성서 시대 처음부터 있던 것이 아닙니다. 기원전 6세기쯤 유다 왕국이 멸망하고 국가가 없는 시대에 형성되어, 유대인들의 민족적 동질성을 유지해 주는 기능을 했습니다. 종교적 관행의 유지와 실천을 담당할 국가가 없는 대신 율법이 중요한 기능을 하게 됩니다. 이때 하나님이 엿새 동안 천지 만물을 창조하고 이레째 되는 날 안식해서 이날을 "거룩하게 하셨다."는 창세기의 창조 이야기와 연결시켜서 안식일 율법이 모세의 십계 속으로 들어왔고, 일주일의 이레째(태양력으로는 금요일 일몰부터 토요일 일몰까지) 되는 날은 "주 너희 하나님의 안식일이니, 너희는 어떤 일도 해서는 안 된다."(신명 5:13)고 정해지게 됩니다. 즉 농경 사회의 자연스러운 삶의 리듬이던 것이 법제화됩니다.

그리고 이 율법을 해석하고 세칙을 만들던 율법학자들이 안식일에 금지되는 일의 종류를 세부적으로 정하면서 금지 조항에 '밀을 자르는 일'이 들어가게 되었습니다. 예수의 제자들은 이 금지 규정을 위반했기 때문에, 율법과 그 세칙을 엄격하게 지키던 바리새파 사람들이 예수를 향해 "어찌하여 이 사람들은 안식일에 해서는 안 되는 일을 합니까?"라고 비난한 것입니다.

그런데 바리새파 사람들의 이 질문에 대해서 예수가 제자들의 행동을 정당화하기 위해 언급하는 다윗의 이야기는 원래 안식일과 관계가 없습니다. 그리고 여기서는 "아비아달 대제사장 때"라고 되어 있지만, 이 이야기가 나오는 사무엘상 21장 1절에는 아비아달이 아니라 '아히멜렉' 때라고 되어 있습니다. 이렇게 원래는 안식일과 관계없는 이야기인데도 율법학자들의 해석 중에는 다윗의 이 이야기를 안식일과 관련지은 것이 전합니다. 아마도 예수의 말은 이를 전제했을 것입니다. 그러나 이 경우 예수가 율법학자의 해석에 따라 제자들의 행위를 정당화한 것이 되고, 예수의 답변이 유대교 율법학자들의 논쟁 수준에 머물러 있는 셈이 됩니다.

그렇다면 정작 예수다운, 예수 활동의 핵심을 드러내는 것은 다음 말입니다. 예수는 매우 단언적으로 아무 조건 없이 "안식일이 사람을 위하여 생긴 것이지, 사람이 안식일을 위하여 생긴 것이 아니다."라고 답하고 있습니다.

그런데 예수의 이 말도 아주 새로운 것은 아닙니다. 유대교 율법학자의 말 중에도 이와 비슷한 것이 있습니다. 율법학자 시므온 벤 메나자는 사람의 목숨이 위급한 상황에는 안식일 금령을 위반할 수 있다고 말하면서, "너희를 위해 안식일이 주어져 있는 것이지, 안식일을 위해 너희가 주어져 있는 것이 아니다."라고 했습니다. 그러나 이 말은 인명이 위태로울 때에 한해서 조건적으로 말하는 것이지, 안식일 계명보다 사람이 우선한다는 절대적 선언은 아닙니다.

이에 반해 예수는 안식일이 사람을 위해 있다고 무조건적인 선언을 했습니다. 이것은 안식일을 폐지하자는 말이 아니라, 자율적인 농민 공동체에서 인간의 휴식을 위해 정해졌던 안식일 본래의 의미로 돌아가야 한다는 말로 볼 수 있습니다. 만약 안식일 규정을 지킨다는 이유로 인간의 삶이 침해당한다면, 그것은 인간이 안식일 규정의 노예가 되는 것이며 안식일을 정한 본래 의도에 반한다는 것입니다.

예수의 인권 선언, '사람이 주인이다.'

그 무렵 유대 사회에서 율법은 종교 영역에 한정된 것이 아니라, 유대인의 삶 전반과 관련되어 있었습니다. 말하자면 오늘날과 같이 정치, 경제, 사회, 문화 등이 구분되지 않은 전통 사회에서 율법은 그 자체로 법의 기능을 했습니다. 그렇다면 예수의 말은 사람이 법을 위해 있는 것이 아니라 법이 사람을 위해 있다는 법 정신의 기본 원리로 확대해서 볼 수 있을 것입니다. 이 말은 무엇보다도 인간의 삶을 우선시하는 예수의 급진적인 정신을 잘 드러내는 '인권 선언'이라고 할 수 있습니다.

　마지막으로 예수는 "그러므로 인자는 안식일에조차도 주인이다."라고 말을 맺습니다. 여기서 '인자', 즉 '사람의 아들'은 마가에 따르면 예수 자신을 가리킵니다. "그러므로"는 '안식일이 사람을 위해 있으므로' 인자 예수는 안식일의 주인이라는 뜻으로 이해할 수 있을 것입니다. 즉 마가는 인자 예수가 안식일의 주인이므로 안식일이 사람을 위해 있다고 하는 것이 아닙니다. 안식일이 사람을 위해 있으므로 인자 예수가 안식일의 주인이라고 하는 것입니다. 즉 인자 예수의 권위에서 인권을 연역해 내는 것이 아니라, 실제 삶의 인권 선언에서 예수의 권위를 귀납적으로 끌어내고 있습니다. 안식일법으로 대표되는 모든 법과 규정에 앞서 인간의 삶을 옹호하는 데에 안식일에 대한 예수의 권위가 근거한다는 것입니다.

　그러나 다른 한편으로 인자라는 말의 또 다른 용법에 비추어 보면, 그냥 '사람'으로 볼 수도 있습니다. 당시 아람어에서는 보통 사람을 지칭할 때 인자를 사용했습니다. 이렇게 보면 의미가 좀 더 쉽게 연결됩니다. 즉 안식일이 사람을 위해 생긴 것이고,

사람이 안식일의 주인이라는 절대적인 인권 선언이라고 볼 수 있습니다. 이렇게 볼 경우 앞의 말과 동어 반복이 되는 측면이 있습니다.

물론 마가 자신은 여기서 인자를 예수를 가리켜 썼을 가능성이 더 높습니다. 마가는 안식일법으로 대표되는 모든 법에 대한 인간의 우위라는 인권 선언과 관련해서 그리스도를 이해하고 있다고 볼 수 있습니다. 즉 그리스도의 신적인 권위를 내세우기보다 인간의 삶을 옹호하는 데 초점이 있습니다.

그런데 누가복음서(6:1~5)와 마태복음서(12:1~8)에서는 이러한 안식일에 대한 인간의 자유와 '사람의 아들' 예수의 관계가 역전됩니다. 다시 말해 안식일에 대한 인권 중심적인 선언보다 그리스도의 권위를 부각하는 데 관심이 있습니다. 이것은 마가복음서 2장 27절의 "안식일이 사람을 위하여 생긴 것이지, 사람이 안식일을 위하여 생긴 것이 아니다."는 말이 마태복음서와 누가복음서에는 생략되어 있다는 데서 잘 드러납니다. 대신 마태복음서와 누가복음서에서는 그리스도에 대한 관심이 두드러지게 부각됩니다. 그래서 '인자는 안식일의 주인이다.' 따라서 '인자인 그리스도의 제자들, 즉 그리스도인도 안식일에서 자유로워진다.'는 식으로 논리가 전개됩니다.

이것을 유대교의 안식일이 초대 기독교에서 '주의 날'('주' 예수 그리스도가 부활한 날. 태양력으로는 일요일), 즉 '주일'로 대체되어 가던 과정과 관련시키는 학자도 있습니다. 말하자면 초대 기독교는 구약 성서의 안식일을 주의 날로 대체해서 지켜야 했는데, 그런 상황에서 마가복음서의 무조건적인 인권 선언, 즉 "안식일이 사람을 위하여 생긴 것이지, 사람이 안식일을 위하여 생긴 것이 아니다."는 선언은 너무나 급진적이었다는 설명입니다. 그래서 마태와 누가는 이 말을 삭제하고, 안식일법에 대한 인간의 자유보다 인자 예수의 권위를 앞세웠다는 것입니다. 이렇게 해서 인간의 자유에 대한 '그리스도론'적 기초, 즉 인간의 자유를 그리스도의 권위에 근거하게 하는 신학적 작업이 이루어집니다. 신앙 안에서 이것은 자연스러운 일이라고 할 수 있을 것입니다. 다만 마가복음서가 역사적 예수에 훨씬 확고히 서 있다고 말할 수 있습니다.

예수의 기적 이야기들 8

기적 이야기들은 무엇을 말하고자 하는 것인가?

신약 성서 복음서들에는 예수가 일으킨 기적 이야기들이 실려 있습니다. 흔히 예수의 기적은 병자를 고치는 치유 기적과, 일반 자연현상을 넘어서는 초자연적 현상을 일으키는 자연 기적이라는 두 가지 유형으로 구분됩니다. 이 밖에 처녀 탄생, 산 위에서의 변모, 부활 같은 기적은 예수 생애의 기적이라고 할 수 있습니다. 그러나 이것은 보통 예수가 일으킨 기적의 범주에 포함시키지 않고, 그리스도의 신적 성격을 드러내는 '그리스도 신화'에 해당하는 것으로 봅니다.

일반적으로 기적이라고 하면 기적 자체에 깃든 깜짝 놀랄 만한 성격, 즉 초자연적인 특징에 집중합니다. 그리고 그것이 현실에서 일어날 수 있는지 여부, 말하자면 기적의 사실성에 주로 관심을 쏟게 됩니다. 1세기 팔레스타인 사회는 오늘날 근대 사회와는 다른 세계관이 지배했습니다. 독일의 신학자 루돌프 불트만(1884~1976)은 이 둘 사이의 차이를 신화적 세계관과 과학적 세계관의 차이로 설명합니다. 물론 지금도 신화적으로 사고하는 사람들이 있습니다. 그렇지만 근대 세계를 지배하는 것은 과학적 세계관 또는 기술적 세계관입니다. 오늘날의 과학적 세계관에서 보면 복음서에 나오는 예수의 기적들은 그 사실성을 의심할 수밖에 없습니다.

특히 이러한 의심의 대상이 되는 기적들은 위의 두 가지 유형의 기적 가운데 자연 기적에 해당합니다. 예컨대 예수가 폭풍을 잠재웠다든가, 얼마 안 되는 음식으로 수천 명을 먹였다든가 하는 기적 이야기들입니다. 반면 치유 기적에 해당하는 것들은 많은 학자들이 그 사실성을 인정합니다. 실제로 많은 질병이 인간의 마음에서 비롯됩니다. 그래서 예수처럼 영적 권위로 충만한 사람이 삶의 희망을 주고 변화를 일으키면 병이 나을 수 있습니다. 그리고 복음서에 나오는 치유 기적은 대부분 귀신을 내쫓는 것, 즉 마음과 생각과 존재를 치유하는 것입니다. 귀신을 내쫓는 행위는 예수만이 아니라 당시 사회에서 자주 행해지던 것이기도 했습니다.

그러나 기적 설화들과 관련해서 정작 중요한 것은 기적의 사실성 여부가 아닙니다. 예수가 일으킨 기적 행위들이 예수 운동의 어떤 성격을 보여 주는지 이해할 필요가 있습니다. 많은 기적 이야기들이 오늘날과는 다른 신화적 세계관 속에서 탄생했습니다. 그렇다고 해서 기적 이야기들을 무시해서는 안 됩니다. 그러한 이야기들, 그리고 실제로 일어났을 가능성이 큰 치유 기적들을 바탕으로 예수의 운동이 인간 삶의 어떠한 변화를 추구했는지 이해해야 합니다. 이제 이러한 문제의식을 염두에 두고 두 개의 치유 기적 이야기를 살펴보겠습니다. 그것은 거라사의 귀신 들린 자와 혈루증 앓는 여자의 치유 이야기입니다.

치유 기적 1. 거라사의 귀신 들린 자의 치유

그들은 바다 건너편 거라사 사람들의 지역으로 갔다. 예수께서 배에서 내리시니, 곧 악한 귀신 들린 사람 하나가 무덤 사이에서 나와 예수와 만났다. 그는 무덤 사이에서 사는데, 이제는 아무도 그를 쇠사슬로도 묶어 둘 수 없었다. 여러 번 쇠고랑과 쇠사슬로 묶어 두었지만, 그는 쇠사슬도 끊고 쇠고랑도 부수었다. 아무도 그를 휘어잡을 수 없었다. 그는 밤낮 무덤 사이나 산속에 살면서 소리를 질러 대고, 돌로 제 몸에 상처를 내곤 하였다. 그가 멀리서 예수를 보고 달려와 엎드려서 큰 소리로 "가장 높으신 하나님의 아들 예수님, 나와 무슨 상관이 있습니까? 제발 나를 괴롭히지 마십시오." 하고 외쳤다. 그것은 예수께서 이미 그에게 "악한 귀신아, 그 사람에게서 나가거라." 하고 명하셨기 때문이다. 예수께서 그에게 "네 이름이 무엇이냐?" 하고 물으시니, 그는 "군대입니다. 우리의 수가 많기 때문에 붙은 이름입니다." 하였다. 그러고는 자기들을 그 지역에서 쫓아내지 말아 달라고 예수께 간청하였다. 마침 그곳 산기슭에 놓아 기르는 큰 돼지 떼가 있었다. 귀신들이 예수께 "우리를 돼지들에게로 보내셔서, 그것들 속으로 들어가게 해 주십시오." 하고 간청하였다. 예수께서 허락하시니, 악한 귀신들이 나와서 돼지들 속으로 들어갔다. 거의 이천 마리나 되는 돼지 떼가 바다 쪽으로 비탈을 내리달아 바다에 빠져 죽었다.

돼지를 치던 사람들이 달음질하여 읍내와 촌에 가서 이 사실을 알렸다. 사람들은 무슨 일이 일어났는지 보러 왔다. 그들은 예수께로 와서, 귀신 들린 사람, 곧 군대 귀신에 사로잡혔던 사람이 옷을 입고 제정신이 돌아와 앉아 있는 것을 보고 두려워하였다. 처음부터 이 일을 본 사람들은, 귀신 들렸던 사람에게 일어난 일과 돼지 떼에게 일어난 일을 그들에게 이야기하였다. 그러자 그들은 예수께 자기네 지역을 떠나 달라고 간청하였다. 예수께서 배에 오르실 때에, 귀신 들렸던 사람이 예수와 함께 있게 해 달라고 애원하였다. 그러나 예수께서는 허락하지 않으시고 그에게 말씀하셨다. "네 집으로 가서 가족에게, 주께서 너에게 큰 은혜를 베푸셔서 너를 불쌍히 여기신 일을 이야기하여라." 그는 떠나가서 예수께서 자기에게 하신 일을 데카폴리스에 전파하였다. 그러자 사람들이 다 놀랐다.(마가 5:1~20)

현재 마가복음서에 실려 있는 예수 이야기들은 원래 각기 홀어져 있던 예수의 말이나 기적 설화를 마가가 수집해서 시간적인 선후 관계를 만들어 놓은 것입니다. 마가의 틀에 따르면 예수는 갈릴리 호수 서쪽 기슭에서 비유로 민중을 가르치고(마가 4:1~34), 제자들과 함께 배에 올라 호수 건너편으로 가는 도중 폭풍을 잠재우는 기적을 행하고(4:35~41), 일행이 "바다 건너편 거라사 사람들의 지역으로 갔을 때" 귀신 들린 자를 고친 것(5:1~20)으로 되어 있습니다. 그리고 예수는 제자들과 함께 배에 올라 다시 갈릴리 호수 서쪽 기슭으로 가서 야이로의 딸과 혈루증 걸린 여자를 고쳐 줍니다(5:21~43). 이처럼 마가복음서 4장 35절~5장 43절은 계속 기적 이야기들로 이어집니다. 그러나 실제로 예수가 이렇게 연달아 기적을 행했다고 보기는 어려울 것입니다.

이것은 마가복음서 4장 1~34절에서 잇달아 비유로 가르치는 장면에 대해서도 똑같이 말할 수 있습니다. 실제로 그때 그 장소에서 예수가 비유만 집중적으로 가르쳤다고 보기는 어렵습니다. 복음서 저자인 마가가 예수의 비유들을 그렇게 모아 놓은 것입니다.

이 기적 이야기는 예수와 그 일행이 거라사 사람들의 지역으로 가서 배에서 내리는데, "악한 귀신 들린 사람 하나가 무덤 사이에서 나와" 예수와 만나는 것으로 시작합니다. 그런데 거라사(제라시)는 갈릴리 호수에서 동남쪽으로 약 55킬로미터 떨어져 있는, 데카폴리스 지방의 중심 도시였습니다. 데카폴리스는 '열

개의 도시'라는 뜻입니다. 주민은 대부분 그리스인이었고, 유대인들에게 이곳은 이방인의 땅이었습니다. 그리고 거라사인이 갈릴리 호수 부근까지 와서 살지는 않았습니다. 마태복음서에는 이 이야기의 무대가 가다라로 되어 있습니다(마태 8:28~34). 가다라는 갈릴리 호수에서 동남쪽으로 약 10킬로미터 떨어져 있습니다. 대체로 학자들은 지리적으로 가다라 쪽이 이 이야기의 무대로 어울린다고 보고 있습니다. 어쨌든 이 이야기가 데카폴리스 지방에 퍼져 있었다는 것은 의문의 여지가 없습니다.

로마의 수탈과 폭력으로 정신이 나간 민중을 치유하다

이 이야기의 주인공은 '악한 귀신 들린 사람'입니다. 그의 비참한 행동을 묘사한 것을 보면 그는 일종의 정신병자라고 볼 수 있습니다. 정신병을 악한 귀신에 들린 결과로 보는 것은 고대 민간 신앙의 시각입니다. 인간의 심리 현상을 외부에서 침입한 어떤 실체의 작용으로 보았던 것이지요. 이러한 관점은 물론 정신의학이 발달하지 않은 시대의 사고라고 볼 수 있겠습니다. 그렇지만 정신병이 복잡한 사회관계에서 오는 개인이 감내하기 힘든 시련과 갈등, 억압 등의 결과라는 점에서 아주 틀린 생각은 아니라고 할 수 있습니다. 병을 가져오는 원인을 인격화해서 악한 영이나 더러운 귀신이라고 표현하는 것이 이해는 됩니다

이 사람의 비참한 상황은 아주 구체적으로 묘사되었습니다. 그는 무덤 사이에서 삽니다. 쇠고랑과 쇠사슬로 여러 번 묶어 두

었지만, 그는 쇠사슬도 끊고 쇠고랑도 부수었다고 합니다. 그래서 아무도 그를 휘어잡을 수 없었고, 그는 밤낮 소리를 질러 대고, 돌로 제 몸에 상처를 내곤 했다고 합니다.

신약 성서뿐 아니라 당시 로마에는 치유 기적 설화가 널리 퍼져 있었습니다. 이 양식의 핵심적인 요소로 병자의 심각한 상태에 대한 묘사, 치유 행위, 청중의 반응이라는 세 가지가 있었습니다. 치유 대상이 될 병자의 심각한 상태를 묘사하는 것은 늘 나옵니다. 그러므로 이 기적 설화의 귀신 들린 사람에 관한 묘사도 그런 양식의 한 요소라고 볼 수 있습니다.

그렇지만 다른 치유 기적 이야기들에 견주어 이 병자의 묘사는 유례없이 길고 가슴 아플 정도로 자세합니다. 이것은 파괴되고 소외된 개인의 모습을 적나라하게 보여 줍니다. 동시에 사회적인 차원에서는 로마의 압제 아래 길 잃은 양 떼처럼, 도살장으로 끌려가는 양처럼 고통당하는 사람들의 모습이라고 볼 수도 있습니다.

이러한 측면은 특히 이 귀신의 이름이 '군대'인 것에서도 암시됩니다. 여기서 '군대'로 번역된 그리스어 레기온legion은 로마 군대의 최대 단위인 군단으로, 각 군단의 규모는 약 6천 명이었다고 합니다. 따라서 레기온이라고 하면 우선 큰 세력이라는 이미지가 떠오릅니다. 실제로 "더러운 영"도 예수가 이름을 묻자 "이름은 레기온, 큰 세력이기 때문"이라고 답합니다. 아마도 이 사람에게 들어간 귀신의 수가 많다는 뜻이겠지요.

<거라사의 귀신 들린 자의 치유>

세바스티앵 부르동, 1657년

예수가 정신 나간 이를 치유하는 모습이다. 반쯤 누워 있는 이의 옷은 다
해지고, 몸에는 쇠사슬이 묶여 있으며, 무덤 주위에는 아이 두 명이 놀고 있다.
거라사의 귀신 들린 자의 치유 이야기에는 당시 사회에서 버림받은 이의
비참한 상황이 묘사되어 있다.

그러나 그 무렵 갈릴리 주변, 특히 데카폴리스 주민에게 레기온은 단순히 "큰 세력"이라는 이미지만으로 다가가지는 않았을 것입니다. 로마 쪽에 전략상 중요했던 속주 시리아에는 4개 레기온이 배치되어 있었고, 데카폴리스 지방은 로마의 시리아주 총독의 감독을 받고 있었습니다. 군단이 있는 곳에 전쟁, 살육, 광기의 이미지가 겹치는 것은 자연스럽습니다.

그리고 11절 이하에서는 거라사인에게서 쫓겨난 더러운 영이 돼지 떼 속으로 들어가서 돼지들이 낭떠러지로 떨어져 호수에 빠져 죽었다고 합니다. 이 장면은 돼지를 부정하다고 보는 유대인의 관점에서 묘사된 것입니다. 이 거라사인이 그리스인인지 유대인인지는 이 이야기에서 드러나지 않지만, 이 전승이 유대인에 의해 전해졌고, 그것을 받아들인 사람들(청중 또는 독자)도 유대인이라는 점만은 분명합니다. 데카폴리스에 사는 유대인은 로마군과 그리스인 지배 계급이라는 이중의 억압 아래 놓여 있었습니다. 그렇다면 이 돼지 떼 이야기에서 로마 권력에 반감을 가진 유대 민중의 감정을 읽을 수 있습니다.

그런데 이 거라사인은 "멀리서 예수를 보고 달려와 엎드려서 큰 소리로 '가장 높으신 하나님의 아들 예수님, 나와 무슨 상관이 있습니까? 제발 나를 괴롭히지 마십시오.' 하고 외쳤다."고 합니다. 그것은 예수께서 이미 그에게 "악한 귀신아, 그 사람에게서 나가거라." 하고 명령하셨기 때문이라고 했습니다. 여기서 먼저 주목할 것은 거라사인을 사로잡고 있던 악한 영이 예수에 대해서 "가장 높으신 하나님의 아들"이라고 고백하고 있다는 점입니다. 이는 악한 영이 예수의 본질을 드러내는 말을 함으로써 예수를 이기고자 한 것이라고 볼 수도 있습니다. 원래 민간의 귀신 신앙에는 이름을 부름으로써 상대를 제압할 수 있다는 생각이 있습니다. 그러나 마가가 그런 의미로 제시하지는 않았을 것입니다. 마가는 악한 귀신조차도 예수에게 복종한다는 것을 표현하고자 했을 것입니다.

더러운 영 또는 악한 귀신이 예수의 정체를 알아보고 그것을 발설하는 구절은 앞에도 나옵니다(마가 1:23~24, 3:11). 그런데 예수는 악한 귀신에게 침묵을 명령합니다. 그것은 죽음과 부활에 이르기 전에는 예수가 누구인지 이해할 수 없다는 마가의 그리스도 이해와 관련됩니다. 마가는 악한 귀신이 예수의 본질을 안다는 사실에 비판적인 것이 아니라, 현 시점에서 예수를 "하나님의 아들"이라고 부른다는 사실에 비판적입니다.

귀신을 쫓아내자 거라사 주민들이 예수에게 자기네 지역을 떠나 달라고 간청했다고 합니다. 여기에는 아마도 두 가지 이유가 고려되었을 것입니다. 하나는 보통 사람들과는 다른 귀신 축출자에 대한 두려움에서 나온 기피 감정 때문입니다. 이것은 다른 기적 이야기들에서도 볼 수 있습니다. 또 하나는 돼지의 손실을 가져온 예수의 기적 행위가 지역 주민의 이해에 반했기 때문일 수 있습니다.

예수가 떠나려 "배에 오르실 때에, 귀신 들렸던 사람이 예수와 함께 있게 해 달라고 애원하였다."고 합니다. 그렇지만 예수는 그의 간청을 거절했다고 되어 있습니다. 그리고 치유받은 사람이 자신이 예수에게 치유받았다는 것을 "데카폴리스에 전파하였다."고 합니다. 여기서 '전파했다'고 번역된 그리스어 케루소 kerusso는 '선전하다', '선교하다'를 뜻합니다. 마가는 병을 고침받은 사람의 행동을 묘사할 때 이 동사를 자주 사용했습니다. 그런데 '함께 있다'와 '선전하다'는 실은 열두 제자의 선택과 관련해서 나오는 말들입니다. 예수가 열두 제자를 선택한 목적은 "그들을 자기와 함께 있게 하시고, 또 그들을 내보내어서 말씀을 전파하게" 하기 위해서라고 되어 있습니다(마가 3:14).

그러니까 이 이야기에서 고침 받은 거라사인은 예수의 일행과 행동을 함께하지는 못했지만, 예수의 활동을 전파했습니다. 마가는 고침 받은 거라사인이 제자로서 또 하나의 일, 즉 선교를 과업으로 하게 되었다고 말하는 것입니다.

이 이야기가 말하고자 하는 바는 로마의 경제적 수탈과 군사적 폭력으로 몸과 마음이 찢겨 정신 줄을 놓아 버린 민중을 예수가 치유했고, 치유받은 사람들은 새로워진 인간으로 자신들의 삶의 자리에서 예수의 제자로서 하나님 나라를 전파했다는 것입니다. 예수가 추구한 하나님 나라 운동을 전파한 이는 병 고침을 받아 온전해진 무명의 민중이었습니다. 마가에 따르면, 예수 자신은 기적 행위 때문에 그의 본질이 세상에 알려지는 데 소극적이었습니다. 그럼에도 예수의 행동은 민중에 의해 세상에 선전

되었습니다. 마가에 따르면 이것이야말로 복음이었습니다.

치유 기적 2. 혈루증 앓는 여자의 치유

큰 무리가 뒤따라오면서 예수를 밀었다. 그런데 열두 해 동안 혈루증으로 앓아 온 여자가 있었다. 여러 의사에게 보이면서 고생도 많이 하고 재산도 다 없앴지만, 아무 효력이 없었고 상태는 더 나빠졌다. 이 여자가 예수의 소문을 듣고서 뒤에서 무리 가운데로 끼어들어 와서는 예수의 옷에 손을 대었다. (그 여자는 "내가 그의 옷에 손을 대기만 하여도 나을 터인데!" 하고 생각했던 것이다.) 그런 다음에 곧 출혈의 근원이 마르니, 그 여자는 몸이 나은 것을 느꼈다. 예수께서는 곧 자기에게서 능력이 나간 것을 몸으로 느끼시고, 무리 가운데서 돌아서서 "누가 내 옷에 손을 대었느냐?" 하고 물으셨다. 제자들이 예수께 "무리가 선생님을 에워싸고 떠밀고 있는데, 누가 손을 대었느냐고 물으십니까?" 하고 반문하였다. 그러나 예수께서는 그렇게 한 여자를 보려고 둘러보셨다. 그 여자는 자기에게 일어난 일을 알므로 두려워하여 떨면서, 예수께로 나아와 엎드려서 사실대로 다 말하였다. 그러자 예수께서 그 여자에게 말씀하셨다. "딸아, 네 믿음이 너를 구원하였다. 안심하고 가거라. 그리고 이 병에서 벗어나 건강하여라."(마가 5:25~34)

앞에서 본 거라사의 귀신 들린 자를 치유하는 이야기의 경우, 개인의 불행에다 로마의 식민 통치 아래에서 겪는 고통이 겹쳐져 있습니다. 이제부터 다룰 치유 이야기에는 당시 유대 사회에서 여성에게 가해진 차별이 전제되어 있습니다. 그래서 이 기적 이야기는 많은 여성 신학자들의 관심을 받았습니다.

이 이야기는 마가의 독특한 문학 기법인 '샌드위치 기법'에 따라 회당장* 야이로의 딸을 치유하는 이야기 중간에 끼어들어 있습니다. 회당장 야이로가 찾아와서 예수의 발 앞에 엎드려 어린 딸이 죽게 되었으니 손을 얹어 고쳐 달라고 하고, 예수가 그와 함께 가는 것으로 이야기는 시작됩니다(5:21~24). 그리고 예수 일행이 야이로의 집으로 가는 도중 큰 무리가 뒤따라오면서, 여기에 나오는 혈루증 앓는 여인의 치유 사건이 일어나는 것으로 되어 있습니다. 그리고 고침 받은 이 여인에게 이야기하는 도중 야이로의 집에서 온 사람이 아이가 죽었다고 전합니다. 그러나 예수는 회당장의 집에 가서 죽은 아이를 살리는 기적을 일으킵니다(5:35~43). 그러니까 야이로의 딸 치유 기적 이야기가 앞뒤에 있고, 그 중간에 혈루증 앓는 여인의 치유 기적 이야기가 들어가 있는 것입니다.

샌드위치 기법은 마가가 자주 사용하는 문학 기법입니다. 마

* 유대 회당의 예배를 주관하고 사람들에게 예배 임무를 맡기며 회당을 관리하는 사람이다. 회당은 신앙 공동체의 모임을 기리키는 말이었는데, 후대에 모임 장소인 건물을 뜻하게 되었다.

가는 이 기법으로 두 개의 이야기에 공통되는 요소를 부각합니다. 그러므로 여기서는 먼저 혈루증 앓는 여인의 치유 기적 이야기와 야이로의 딸 치유 기적 이야기의 공통점과 차이점을 살펴보고, 두 이야기를 마가가 샌드위치 기법으로 엮은 의도를 추측해 보겠습니다.

우선 이 두 치유 기적 이야기에 나오는 병자가 여성이라는 점이 똑같습니다. 복음서에 여성이 등장하는 경우가 매우 드물다는 사실을 감안하면, 여기에 이렇게 여성과 관련한 치유 이야기가 나란히 나오는 것은 매우 두드러진 예라고 할 수 있습니다. 또한 혈루증 앓는 여인이 12년을 고생했다면, 야이로의 딸이 열두 살이라는 것도 눈에 띕니다. 이 소녀가 살아온 열두 해 동안 혈루증 앓는 여인은 계속 피를 흘렸습니다.

차이점은, 한쪽은 소녀이고 다른 한쪽은 성인 여성이라는 점입니다. 혈루증 앓는 여인의 병을 여성 신학자들은 월경과 관련된 하혈이라고 보고 있습니다. 그래서 드러내지 않고 예수 뒤에서 몰래 옷을 만졌다는 것입니다. 또 한쪽은 부유하고 신분이 높은 회당장 야이로의 딸인 데 견주어, 예수의 옷을 만진 여인은 출혈 때문에 가정과 사회에서 소외된 존재라는 것입니다. 그리고 소녀는 병에 걸려 집에 누워 있는 반면, 이 여인은 매우 적극적으로 예수를 찾아 나섰습니다.

마가가 이 두 여성의 치유 이야기를 샌드위치 기법으로 제시했기 때문에 이러한 공통점과 사이점이 자연스럽게 눈에 띕니다. 그리고 마가는 샌드위치 기법을 통해 기적적으로 고침 받은 자가 예수에게 품는 믿음을 강조하고자 했습니다. 즉 샌드위치 기법에 의해 "딸아, 네 믿음이 너를 구원하였다."(마가 5:34)와 "두려워하지 말고 믿기만 하여라."(마가 5:36)가 상응합니다.

여성에게 가해진 억압과 차별에서 해방시키다

이제 혈루증 앓는 여인 이야기를 살펴보겠습니다. 이 이야기에서 무엇보다 두드러지는 것은 이 여인이 열두 해 동안이나 병을 앓아 왔다는 점입니다. 게다가 혈루증이라는 것도 두드러집니다. 일반적으로 학자들은 여기서 말하는 혈루증이 병적일 정도로 심한 월경이거나 아니면 장기간에 걸친 자궁 내출혈일 것이라고 보고 있습니다. 특히 여성 신학자들은 '월경 기간을 지나서도 출혈이 멈추지 않는' 경우라고 봅니다.

그런데 이것은 단순한 질병이 아니라 종교적인 정결 관념과 결부되어 이중의 어려움에 맞닥뜨리게 됩니다. 왜냐하면 레위기에 따르면 "어떤 여자가 자기 몸이 불결한 기간(월경 기간)이 아닌데도 여러 날 동안 줄곧 피를 흘리거나, 불결한 기간이 끝났는데도 줄곧 피를 흘리면, 피가 흐르는 그 기간 동안 그 여자는 부정하다. 몸이 불결한 때와 같이, 이 기간에도 그 여자는 부정하다."(레위 15:25)고 정해져 있기 때문입니다. 율법에는 생리 기간 중 또는 그 기간 외의 출혈이 얼마나 부정하고 다른 사람을 부정하게 하는지, 그 부정한 기간이 어느 정도 지속되는지, 또 어떻게 해서 그것이 깨끗해지는지 상세하게 규정되어 있습니다(레위 15:19~21).

레위기 15장은 전체가 "남녀의 유출에 의한 부정과 정결"에 관한 규정을 담고 있습니다. 물론 여기에는 남자와 여자의 유출이 둘 다 다루어집니다. 남자의 유출에 해당하는 것은 성병에 의한 농과 몽정 등에 의한 정액으로 한정되어 있습니다. 농의 유출의 경우 유출하는 동안과 이후 7일간 남자의 몸은 부정하고, 정액 유출의 경우 저녁 무렵까지 부정하다고 되어 있습니다. 그러나 여성의 경우 유출은 월경이 주된 원인입니다. 여성은 월경 기간 중인 7일간 부정합니다. 그러나 월경 불순이 되면 출혈 기간 중 부정할 뿐만 아니라, 부정한 기간이 계속 연장됩니다.

여성은 특별한 예외가 아니면 누구나 월경을 합니다. 그렇다면 성인 여성의 한 징표라고 할 수 있는 월경 때문에 여성은 어쩔 수 없이 남성보다 더 오래 부정에 노출되어 있는 셈입니다. 고대 이스라엘에서 피는 몸 안에 있는 생명의 근원이고 정결한 것으로 간주되었습니다. 그러나 그것이 몸 밖으로 나오면 부정하다고 여겼습니다. 무엇이든 경계에 있는 것을 금기시했던 종교적 관념 때문이었습니다. 경계에 있는 것이나 정해진 자리를 넘어서는 것을 금기시하고, 만일 이 금기를 어기면 부정하다고 여겼습니다.

그렇다면 이 혈루증 앓는 여인은 그저 신체적으로만 고통받는 것이 아니라, 유대 사회의 정결 이데올로기에 의해서도 고통받고 차별받고 있었던 셈입니다. 12년 동안이나 출혈이 계속되었다면, 신체적·사회적 고통은 이 여인의 내면에 지울 수 없는 상처를 입혔을 것입니다. 또한 그녀는 자존감을 지니기 어려웠을 것입니다. 레위기의 규정을 원칙적으로 적용한다면, 이 여성은 열두 해 동안 가족과 사회에서 격리되었어야 합니다. 왜냐하면 그녀가 접촉하는 모든 것이 부정한 것이 되기 때문입니다. 오랜 질병만도 감당하기 어려운데, 거기다 종교적 관념으로 인한 사회적 차별까지 수반되었습니다.

그런데 이어지는 이 여인의 행동을 보면 망가지기는커녕 삶의 의욕과 적극적인 의지로 넘쳐납니다. 이 여인이 여러 의사에게 보이면서 재산을 탕진했다는 묘사도 적극적인 의지를 나타낸 것으로 볼 수 있습니다. 포기하지 않고 끝까지 병을 고쳐 보려는 의지 말입니다.

한편 여기에는 의사를 대하는 고대 민중의 부정적인 태도도 들어 있습니다. 고대 이스라엘에서 의사는 지식인이었고, 특히 부유층에게 높이 평가받았습니다. 그러나 율법학자들은 의사가 직업상 부정한 병자들과 접촉하기 때문에 그도 부정해진다고 여겼습니다. 따라서 그들에게 의사는 기피의 대상이었습니다. 일반 대중도 의사에게 불신감을 품고 있었습니다. 형편상 의사에게 몸을 보일 수 없었던 그들은 주술사나 귀신 축출자에게 의존했습니다. 그렇지만 의사들은 주술사나 귀신 축출자들을 사기꾼이라 생각하고 경멸했습니다. 예수도 실은 그렇게 경멸받던 귀신 축출자의 한 사람이었습니다. 여기서 우리는 기적 말고는 달리 의지할 데가 없는 민중의 처지와 그들의 요구에 응했던 예수의 행동을 읽을 수 있습니다.

마가복음서에 따르면 예수가 "많은 사람을 고쳐 주셨으므로, 온갖 병으로 고통받는 사람들은 누구나 그에게 손을 대려고 밀려들었습니다"(마가 3:10). 이 여인도 예수의 소문을 듣고 사람들 틈으로 섞여 들어와서 뒤에서 절박한 심정으로 예수의 옷을 만졌습니다. 이 장면은 예수와 고통받는 민중의 절절한 만남을 표현했다고 할 수 있습니다.

예수의 옷을 만지자 "곧 출혈의 근원이 마르니, 그 여자는 몸이 나은 것을 느꼈습니다." '레위기의 세계'가 일상화되어 있던 유대 사회에서 출혈 중인 여자가 접촉한 것에는 부정이 전염됩니다. 그런데 반대로 그녀의 부정의 원천, 즉 출혈이 완전히 멈춰 버립니다. 여기서 그리스어 마스티고스mastigos는 원래 채찍질이라는 의미가 있으며, 고통이나 고뇌를 뜻합니다. 이것은 단순한 출혈로 인한 고통만이 아니라 그에 따르는 사회적 고통 전체를 가리킵니다. 그러므로 우리말 번역에서 "몸이 나은 것을 느꼈다."고 되어 있는 것을 그리스어의 본래 뜻을 살려 번역하면 "고통에서 나은 것을 느꼈다."가 됩니다. 이제 이 여인은 모든 고통에서 해방됨을 온몸으로 느낀 것입니다.

한편 예수는 "자기에게서 능력이 나간 것을 몸으로 느낍니다." 여기서 '느낀다'고 번역된 그리스어 동사와 혈루증 앓던 여자가 "몸이 나은 것을 '느꼈다'."고 할 때 그리스어 동사는 같은 어근에서 나온 에피기노스코epiginosko와 기노스코ginosko입니다. 일반적으로 이 말에는 '알다', '느낌으로 알다'라는 의미가 있습니다. 요컨대 여인이 고통에서 해방됨을 몸으로 '느껴 알았던' 것처럼 예수는 몸속에서 능력이 나가는 것을 '느껴서 알았다'는 것입니다. 예수와 여인은 기적적인 치유 사건이 일어난 것을 둘 다 몸으로 느껴 압니다. 여기서 예수와 이름 없는 소외된 한 여성 사이에 깊은 상호 소통이 이루어진 것을 볼 수 있습니다.

그런데 예수가 제자들에게 누가 자신을 만졌는지 묻지만, 제자들은 밀고 있는 군중 때문에 알 수 없다고 답합니다. 제자들은 일어나고 있는 일의 진상을 모릅니다. 그러자 여인이 스스로 예수 앞에 나서서 해명합니다.

이에 예수는 "딸아, 네 믿음이 너를 구원하였다. 안심하고 가거라. 그리고 이 병에서 벗어나 건강하여라."라고 말합니다. 간결하지만 감동적인 말입니다. 무엇보다 예수는 여인을 "딸아"라고 부르는데, 이것은 이 여인을 향해 지극히 친애하는 마음을 표현하는 것이라고 볼 수 있습니다. 나아가 "네 믿음이 너를 구원하였다."라는 말과 연결해 보면 그녀의 믿음을 인정한 데서 비롯된 동지적 호칭이라고도 볼 수 있습니다. 12년 동안이나 출혈이 멈추지 않아 그 오랜 세월을 더러운 상태에 있던 여인은 예수에 대한 믿음으로 고통에서 벗어났을 뿐 아니라 신앙적 동지

예수의 옷자락에 손을 대는 여인

혈루증 앓는 여인이 예수의 옷자락에 손을 내는 모습이다. 여인의 얼굴에서는
절박한 심정이 묻어나고, 예수는 받아들이겠다는 듯한 자세를 취하고 있다.
로마의 한 카타콤(비밀 지하 묘지)에 그려진 벽화다.

관계 속에서 딸로, 즉 가족으로 받아들여진 것입니다.

여기서 여인의 믿음은 반드시 예수를 그리스도라고 믿는 기독교 신앙의 믿음이라기보다는 예수라는 인물에 대한 지극한 신뢰라고 볼 수 있습니다. 자신이 당하고 있는 고통에서 벗어나기를 간절히 원하고 필사적으로 예수에게 다가가 그 뒤에서 옷을 만지기까지 했던 굳건한 신뢰입니다. "네 믿음이 너를 구원하였다."에서 믿음에 해당하는 그리스어 피스티스pistis도 원래 넓은 의미에서 신뢰를 가리킵니다. 그런데 당시 사회에서 이 단어는 로마 황제에 대한 충성을 표현할 때 흔히 사용되었습니다. 그러니까 신약 성서는 진정한 신뢰의 대상을 로마 황제에서 예수로 옮겨 놓은 셈입니다. 이것은 정치권력에 도전하는 매우 도발적인 의미를 지닌다고 할 수 있습니다.

예수는 여인의 믿음, 곧 신뢰를 저버리지 않고 거기에 응해서 "네 믿음이 너를 구원했다."고 선언했습니다. 물론 이 여인은 예수에 의해 기적적으로 병 고침을 받았습니다. 그렇지만 예수에 대한 신뢰 덕분에 병에 수반되는 온갖 사회적 고통에서 벗어나 인간으로서 존엄성을 회복할 수 있었습니다. 열두 해 동안 출혈이 멈추지 않았던 여인의 치유 이야기는 특별히 여성이기 때문에 당해 왔던 사회적 소외와 고통에서 해방되는 이야기라고 할 수 있습니다.

예수와 밥상 공동체 9

많은 무리를 먹인 기적 이야기들

복음서에는 예수가 제자들이나 무리와 함께 잔치를 벌인 이야기가 많이 나옵니다. 그냥 식사를 함께 한 것이 아니라 적은 음식으로 많은 사람이 배불리 먹었다는 이야기가 4복음서에 여러 차례 나옵니다. 특히 예수의 자연 기적 이야기 가운데 빵 다섯 덩어리와 물고기 두 마리로 5천 명을 배불리 먹인 기적은 요한복음서에도 나옵니다. 아마 예수가 민중과 함께 나누었던 기쁨의 잔치에 대한 기억이 하도 강렬해서 여러 전승으로 남아 있는 것인지 모릅니다.

이 본문 내용에 들어가기 전에 먼저 몇 가지 일러둘 점이 있습니다.

첫째, 빵 다섯 덩어리와 물고기 두 마리로 5천 명을 배불리 먹인 기적 이야기는 마가복음서(마가 6:30~44)와 요한복음서(요한 6:1~15)에도 나옵니다. 이 두 복음서를 비교해서 읽어 보면,

예수가 빵 다섯 덩이와 물고기 두 마리로 5천 명을 배부르게 하고 빵과 물고기 남은 것이 열두 광주리나 되었다는 등 이야기를 구성하는 여러 요소가 거의 일치합니다.

그런데 기적 행위자 예수를 평가하는 데서는 마가복음서와 요한복음서가 아주 다릅니다. 요한복음서는 마지막에 "사람들은 예수께서 하신 표징들을 보고 '이분은 참으로 세상에 오시기로 된 그 예언자다.' 하고 말했다."(요한 6:14)고 기록합니다. 즉 요한복음서에서 예수의 기적은 예수가 이 세상에 온 예언자라는 사실에 대한 표징입니다. 그러나 마가복음서에는 기적의 의미를 언급한 내용이 전혀 없습니다. 이런 사실을 고려하면, 마가보다 훨씬 뒤에 복음서를 쓴 요한이 마가복음서의 기적 이야기를 그대로 실었다기보다는, 마가가 사용한 어떤 전승 기록을 요한도 받아들여서 고쳐서 배열했다고 볼 수 있습니다. 이렇듯 이 기적 이야기는 여러 갈래로 전승되고 수록되었습니다.

둘째, 마가복음서에는 이와 비슷한 또 다른 기적 이야기가 나옵니다. 즉 4천 명에게 먹을 것을 주는 기적 이야기(마가 8:1~10)가 있습니다. 마가복음서 6장과 8장의 많은 무리를 먹인 기적 이야기는 이야기의 구성 요소에 조금 차이가 있습니다. 즉 무리가 5천 명이 아니라 4천 명이고, 빵 다섯 개가 아니라 빵 일곱 개이며, 물고기 두 마리가 아니라 작은 물고기 몇 마리라는 차이입니다. 그렇지만 이야기의 줄거리에는 큰 차이가 없습니다. 마가는 전해 오는 많은 무리를 먹인 기적 이야기 두 편을 알고 있었고, 하나는 6장에 다른 하나는 8장에 각기 편집해 넣었을 것입니다.

이제 5천 명을 먹인 기적 이야기를 살펴보겠습니다.

5천 명을 먹인 기적 이야기

사도들이 예수께로 모여 와서, 자기들이 한 일과 가르친 일을 다 보고하였다. 그때에 예수께서 그들에게 "너희는 따로 외딴 곳으로 가서 좀 쉬어라." 하고 말씀하셨다. 거기에는 오가는 사람이 하도 많아서 음식을 먹을 겨를조차 없었기 때문이다. 그래서 그들은 배를 타고 따로 외딴 곳으로 떠나갔다. 그런데 많은 사람이 보고서 그들인 줄 알고는, 여러 성읍에서 길을 따라 그곳으로 함께 달려가서 그들보다 먼저 그곳에 이르렀다. 예수께서 배에서 내려 큰 무리를 보시고, 그들이 마치 목자 없는 양과 같으므로 그들을 불쌍히 여기셨다. 그래서 그들에게 여러 가지로 가르치기 시작하셨다.

날이 벌써 저물었으므로 제자들이 예수께 다가와서 아뢰었다. "여기는 빈 들이고 날도 이미 저물었습니다. 이 사람들을 흩어 마을로 보내시는 것이 좋겠습니다." 예수께서 "너희가 그들에게 먹을 것을 주어라." 하시니, 제자들이 "그러면 우리가 가서 빵 이백 데나리온어치를 사다가 그들에게 먹이라는 말씀입니까?" 하였다. 예수께서는 그들에게 "너희에게 빵이 얼마나 있느냐? 가서 알아보아라." 하고 말씀하셨다. 그들이 알아보고 "빵 다섯 개와 물고기 두 마리가 있습니다." 하고 말하였다. 예수께서는 제자들에게 명하여, 모두들 떼를 지어 푸른 풀밭에 앉게 하셨다. 그들은 백 명씩 또는 쉰 명씩 떼를 지어 앉았다.

예수께서 빵 다섯 개와 물고기 두 마리를 손에 들고 하늘을 우러러 감사 기도를 드리신 뒤에, 빵을 떼어 제자들에게 주시면서 사람들에게 나누어 주게 하셨다. 그리고 그 물고기 두 마리도 모든 사람에게 나누어 주셨다. 그들은 모두 배불리 먹었다. 빵 부스러기와 물고기 남은 것을 주워 모으니 열두 광주리에 가득 찼다. 빵을 먹은 사람은 남자 어른만도 오천 명이었다.(마가 6:30~44)

이 기적 이야기는 예수가 열두 제자를 파견하고 그들이 선교 활동을 한 뒤에 돌아와 자기들이 한 일과 가르친 것을 보고하는 것으로 시작됩니다. 예수가 제자들에게 외딴 곳으로 가서 쉬라 이르고 일행이 배를 타고 이동하자, 많은 무리가 그들보다 앞서 도착해 있었다고 합니다. 예수는 배에서 내려 군중을 보고 가엾은 생각이 듭니다. 목자 없는 양처럼 여겨졌던 것입니다. 예수가 이렇게 군중을 불쌍하게 여겼다는 것은 뒤에 나오는 8장의 4천 명에게 먹을 것을 주는 기적 이야기에서도 반복됩니다.

굶주린 군중을 '목자 없는 양'과 같다고 한 것은 민수기 27장 17절에 나오는 표현을 가져온 것입니다. 이집트에서 이스라엘 사람들을 이끌어 팔레스타인으로 향한 모세는 목적지에 들어가기 직전에 죽지만, 그 전에 그는 하나님께 다음처럼 기도합니다. "주의 회중이 목자 없는 양 떼처럼 되지 않도록 하여 주십시오." 그러자 하나님은 모세에게 "너는 눈의 아들 여호수아를 데리고 오너라. 그는 영감을 받은 사람이다. 너는 그에게 손을 얹어라." (민수 27:18) 하고 말합니다. '여호수아'라는 히브리어 이름을 그리스어로 표기하면 '예수'가 됩니다. 신명기 18장 15~18절에서 모세는 하나님이 이스라엘 가운데서 자신과 같은 예언자를 일으켜 세울 것이라고 합니다.

앞에서 말했듯 마가복음서와 다르게 요한복음서의 이 기적 이야기 마지막에는 사람들이 예수가 한 표징을 보고는 진정 이 사람이야말로 세상에 온 예언자라고 보게 되었다고 나옵니다. 그렇다면 요한은 이러한 이집트 탈출 이야기에 기대어 예수를 '모세와 같은 예언자'라고 말하고자 한 것으로 보입니다.

그리고 마가도 이 기적 이야기 다음에 예수가 물 위를 걸은 기적 이야기를 넣었습니다(6:45~52). 이것은 이집트 탈출 사건에서 갈대 바다의 기적*을 떠올리게 합니다. 예수가 많은 사람을 먹인 기적 이야기도 모세가 이스라엘 사람들을 이끌고 갈대 바다를 건넌 뒤 광야에서 만나**와 메추라기로 배불리 먹인 이야기를 떠올리게 합니다. 이 밖에도 여러 가지 점에서 이 기적 이

* 이집트에서 노예로 살던 이스라엘 백성들이 모세의 인도로 도망쳐 나올 때, 바다가 갈라지면서 길을 열어 주어 이집트 군대를 따돌릴 수 있게 된 기적.

야기는 구약 성서의 이집트 탈출 사건을 떠올리게 합니다. 이것은 예수가 갈릴리 농민들과 함께했던 하나님 나라 운동을 제2의 이집트 탈출 사건으로 제시하는 것이라고 볼 수 있습니다.

또 한 가지 중요한 요소는 예수가 빵과 물고기를 제자들에게 주면서 하는 행동입니다. 예수가 "빵 다섯 개와 물고기 두 마리를 손에 들고 하늘을 우러러 감사 기도를 드리신 뒤에, 빵을 떼어 제자들에게 주시면서 사람들에게 나누어 주게 하셨다."는 묘사가 주목을 끕니다. 이는 최후의 만찬에서 예수가 제자들에게 빵을 나누어 주는 장면과 아주 비슷합니다. 마가복음서 14장 22절에 "예수께서 빵을 들어 축복하신 다음에, 떼어서 그들에게 주었다."고 했습니다. 이러한 유사성은 결코 우연의 일치가 아닙니다. 실제로 고대 교회에서는 많은 무리를 먹인 이 기적 이야기를 최후의 만찬과 관련해서 받아들였습니다. 예를 들어 카타콤의 벽화에 묘사된 최후의 만찬 그림에는 빵과 함께 물고기가 있는 경우가 많습니다.

또한 많은 무리를 먹인 기적 이야기는 성찬 의례를 배경으로 전승되고 의미가 부여되었을 가능성이 큽니다. 이 경우 고대 교회 사람들에게 다섯 덩어리의 빵은 단순히 신체적 욕구의 대상이 아니라 '생명의 빵'으로, 그리스도의 몸에 대한 표상으로 변형되었던 것입니다.

** 이스라엘 민족이 광야에서 먹을 음식과 마실 물이 없어 굶주리고 있을 때에 하나님이 내려 주었다고 하는 기적의 음식.

〈최후의 만찬〉

야코포 틴토레토, 1594년

대각선으로 놓인 식탁에 제자들이 앉아 있고, 식탁 한가운데에서는
예수가 빵을 나누어 주고 있다. 천장 쪽에 희미하게 천사들이 보이고,
오른쪽 아래에는 음식을 나르는 이들이 분주하다. 최후의 만찬과
5천 명을 먹인 기적 이야기는 서로 떠올리게 하는 점이 있다.

그런데 성찬식은 잘 알려져 있듯이 빵과 포도주를 나누어 먹는 의식입니다. 그리고 이 의식의 기초가 되었던 최후의 만찬 이야기에도 빵 외에 그리스도의 피를 상징하는 포도주가 중요한 위치를 차지하고 있습니다. 그런데 많은 무리를 먹인 이 기적 이야기에는 포도주에 관한 언급이 없습니다. 그럼에도 이 이야기가 성찬과 관련해서 전해지고 해석되었습니다. 그것은 고대 교회 역사 속에서 점차 성직자에게만 빵과 포도주가 주어지고, 일반 신도에게는 빵만 주어지게 된 것과 관련이 있다고 합니다. 그리고 성직자의 의례와 관련해서는 최후의 만찬 이야기가, 일반 신도의 의례와 관련해서는 무리를 먹인 기적 이야기가 각기 관련되었다고 학자들은 보고 있습니다.

이와 관련해서 한 가지 더 주목할 것은 5천 명, 그리고 4천 명을 먹인 기적 이야기를 그 뒤에서는 빵에 초점을 두고 언급한다는 사실입니다. 물고기에 대한 언급은 없습니다. 예를 들어 예수가 물 위를 걸은 기적 이야기에서는 제자들이 "빵의 기적"을 깨닫지 못하고 마음이 무디어 있었다고 말합니다(마가 6:52). 또 마가복음서 8장 19~20절에서는 5천 명을 먹인 기적과 4천 명을 먹인 기적을 둘 다 빵을 먹인 기적 이야기로만 언급합니다. 이것은 이 이야기에 대한 마가의 관심이 역시 성만찬에 있다는 것을 시사합니다. 이렇게 무리를 먹인 기적 이야기의 의미를 마가가 예수의 십자가 죽음을 기념하는 성만찬과 관련지었다면, 마가복음서의 독자 또는 청자가 이미 성만찬에 참가하고 있거나 적어도 그것을 알고 있는 기독교 신자였다고 생각해 볼 수 있습니다.

가난한 이들의 나눔의 잔치, 그 뿌듯한 기억

성만찬과의 관련성뿐만 아니라 '목자 없는 양 같은' 군중, '먹을 것이 없는' 군중에 대한 예수의 깊은 공감과 연민이 묘사되어 있다는 점도 주목해야 합니다. 이 기적 이야기가 전해진 배경에는 성찬 의례가 있었다는 사실은 부정할 수 없습니다. 당연히 마가도 그것을 전제했을 것입니다. 그러나 더욱 중요한 점은, 많은 무리를 먹인 이 기적 이야기가 나날의 먹을 것이 부족한 민중에 대한 예수의 깊은 공감과 연민에 기초해 있다는 사실입니다.

최후의 만찬이 예수의 십자가 죽음과 관련된다면, 많은 무리를 먹인 기적 이야기는 민중을 대하는 예수의 연민과 관련되어 있습니다. 그리고 사실 예수의 십자가 죽음과 민중에 대한 연민은 불가분의 관계입니다. 왜냐하면 민중에 대한 깊은 연민과 거기에 근거한 예수의 삶이 결국 그를 십자가 죽음으로 이끌었기 때문입니다. 최후의 만찬뿐 아니라 음식과 마음을 함께 나눈 이 기적 이야기도 초대 교회 성만찬의 기원이 되었고, 거기에는 가난하고 굶주린 민중에 대한 예수의 깊은 공감이 있었습니다. 이런 점에서 예수가 삶의 한가운데서 나눈 식사에 기초한 많은 무리를 먹인 기적 이야기와 최후의 만찬, 그리고 성만찬은 민중에 대한 예수의 깊은 연민으로 서로 이어서 있습니다.

이것은 마가가 이 기적 이야기를 전하는 문맥에서도 잘 드러납니다. 이 이야기(마가 6:30~44)는 헤롯 안티파스의 생일잔치(마가 6:14~29) 이야기와 나란히 나옵니다. 마가는 이 이야기를 의도적으로 헤롯 안티파스의 잔치 이야기와 나란히 배열해서, 예수의 잔치와 견주어 보게 했습니다.

헤롯 안티파스의 생일에 갈릴리의 고관대작이 모두 초대받아 잔치를 즐깁니다. 값비싼 요리가 나오고, 사람들은 진탕 먹고 마시고 즐깁니다. 잔치 중간에 헤롯 안티파스의 부인 헤로디아의 딸이 춤을 추고, 소녀는 왕에게 답례로 세례 요한의 목을 달라고 합니다. 왕은 세례 요한의 목을 베어 쟁반에 담아 소녀에게 줍니다. 이것이 마가가 전하는 헤롯 안티파스의 생일잔치에 벌어진 일입니다.

반면, 이어지는 이야기에서는 세례 요한의 충격적인 죽음 소식을 들은 예수가 한적한 곳으로 물러납니다. 그러나 민중이 여러 동네에서 그를 따라오자, 예수는 그들을 불쌍히 여겨 병을 고쳐 주고 굶주린 그들에게 빵 다섯 덩어리와 물고기 두 마리로 끼니를 나누어 줍니다. 그래서 5천 명이 나누어 먹고 남은 음식이 열두 광주리가 넘었다고 합니다.

이 두 잔치 이야기는 무척 대조됩니다. 헤롯 안티파스의 잔칫상은 산해진미로 상다리가 휘어졌을 것이고, 내로라하는 고관대작이 다 참석했을 것입니다. 술잔과 술잔이 부딪치는 사이로 음험한 눈빛과 아첨하는 혀가 재빨리 움직였을 것입니다. 야한

춤이 있고, 사람의 목이 눈요깃감으로 잘려 나옵니다. 질탕하게 먹고 마시는 흥청망청한 잔치와 피범벅이 된 잘린 목은 얼핏 보면 잘 어울리지 않는 것 같습니다. 그렇지만 사실 이것은 그 성대한 잔치가 피비린내 나는 잔치임을 여과 없이 보여 줍니다. 즉 흥청망청한 잔치가 사실은 민중의 피와 살을 먹고 마시는 행위라는 것을 상징적으로 보여 줍니다. 유대 역사가 요세푸스에 따르면 세례 요한은 민중을 선동했다는 정치적인 이유 때문에 처형당했습니다. 복음서에 따르면 세례 요한은 민중의 지지를 받았고, 헤롯 안티파스의 비행을 비판했습니다. 그런 요한의 목이 잔치의 여흥거리로 잘려 나온 것입니다.

그 시기 상류 계층의 잔치 관습을 알아보면 이 잔치가 어떤 잔치였는지 더욱 실감 나게 느낄 수 있습니다. 로마 제국의 상류 계층이 즐기던 잔치는 누구나 한 밥상에서 같은 음식을 나누는 평등한 잔치가 아니었습니다. 그때 잔치 질서에 따르면 손님의 지위 고하에 따라 윗자리와 아랫자리가 정해집니다. 그리고 어느 자리에 앉는가에 따라 나오는 음식의 양과 질이 달라집니다. 그래서 로마의 독설가 마르쿠스 마르티알리스(40~104?)도 한번은 친구가 초대한 식사에서 괄시를 받고 이렇게 분개했습니다.

"식사에 나를 불러 놓고, 그것도 전처럼 돈 주고 사 온 손님도 아닌데 왜 당신이 받은 상과 똑같은 음식을 내게는 안 주는 거요? 당신은 루크린 해안에서 자란 통통하게 살찐 굴은 머는데

〈헤롯의 잔치〉 일부

바르트위미에이 스트로벨, 1633년

헤롯 안티파스의 잔치는 값진 요리와 화려하게 차려입은 사람들로 흥청댄다.
오른쪽에는 요한의 잘린 머리를 든 여인이 있다. 인물들이 유럽 르네상스
시기의 복장인 이유는 화가가 살던 시기 궁정의 사치와 낭비를 비판하기
위해서다. 화가는 낮은 이들의 희생을 대가로 한 높은 분들의 잔치가
'오늘날'에도 벌어지고 있다고 말한다.

나는 꼬막을 빨아 먹고, 당신은 송이를 먹는데 나는 피리버섯
을, 당신은 커다란 참가자미를 먹는데 나는 막가자미를 먹지
않소? 당신은 노란 기름이 흐르는 산비둘기의 살찐 엉덩이를
포식하는데 내 앞에는 새장 안에서 죽은 까치가 놓여 있소. 여
보게 폰티쿠스(잔치 초대자), 내가 당신과 식사를 같이 하지만
자네 없이 혼자 먹는 것만도 못하잖아. (……) 음식이라도 같
은 것을 먹어 보세!"(『에피그램』, III, 60)

이것은 밥을 나누며 우정과 환대를 나누는 잔치가 아닙니다.
한자리에서 먹으면서도 먹는 행위를 통해 지위 고하를 느끼게
하고, 자신이 사회적으로 열등한 신분이라는 사실에 이를 갈게
만드는 차별의 식사입니다.

반면 수없이 벌어졌을 예수의 잔치는 상류 귀족의 잔치와 아
주 대조적입니다. 빵 다섯 덩어리와 물고기 두 마리로 5천 명이
함께 먹은 이야기는 전혀 다른 현실, 전혀 다른 잔치를 보여 줍
니다. 그렇게 적은 음식을 가지고 5천 명이 먹고도 열두 광주
리나 남았다는 것은 가난한 민중이 예수와 함께 경험한 공동체
적 삶의 넉넉함과 기쁨을 나타냅니다. 예수와 가난한 민중이 가
진 것과 삶을 함께 나누면서 경험한 자치와 자급의 감동을 기
적 이야기로 표현했을 것입니다. 이것은 빵 다섯 덩어리와 물고
기 두 마리가 초자연적으로 자꾸 늘어났다는 뜻이 아닙니다. 부
족한 음식이나 보잘것없는 음식을 여러 사람들이 풍족하게 ㄴ

누어 먹었다는 기쁨과 감격을 표현한 이야기라고 할 수 있습니다. 이 이야기에서 중요한 것은 초자연적인 기적이 아니라, 배고픔과 가난이라는 삶의 조건 속에서도 먹을 것과 마음을 나누고 삶을 함께하며 살아가는 사람들이 느낀 깊은 감격입니다.

이것은 앞서 말한 헤롯 안티파스의 잔치와 극적인 대조를 이룹니다. 그들의 잔치는 함께 먹는 가운데 하나 됨과 기쁨을 나누는 것이 아닙니다. 우월한 지위에 있는 자는 자신의 신분을 다시 한 번 과시하고, 열등한 위치에 있는 자는 쓰디쓴 입맛을 다셔야 하는 자리였습니다. 이들의 잔치는 여흥으로 의인의 목을 요구합니다. 잔칫상 앞에서 그들은 겉으로는 웃고 있지만 속에서는 시기와 질투, 증오의 불꽃이 이글거립니다. 음산하고 음험한 연회입니다. 나아가 헤롯 안티파스의 잔치 이야기는 그들의 삶이 어리석고 기괴한 탐욕과 약자들에 대한 착취에 기반해 있다는 사실을 오롯이 보여 줍니다. 세례 요한의 잘린 목은 낭비적인 삶의 방식이 내포한 폭력성을 강렬하게 보여 줍니다. 그러한 삶의 방식은 힘없는 자들의 피와 땀과 눈물을 대가로 한 것입니다.

반면 예수의 잔치는 삶의 고난과 역경을 함께 헤쳐 나간 지혜로운 사람들의 경험 속에서 우러난 기쁨의 잔치였습니다. 거기서는 소박한 음식 몇 가지만으로도 그 어떤 산해진미보다 풍성하게 즐길 수 있었습니다. 예수의 잔치는 아무 가진 것 없이 땅에 기대어 살아가는 '땅의 사람들'이 오랜 세월 고난과 역경에 복종하고 반항하는 가운데 터득한 단순하고 소박한 삶이 주

〈빵과 물고기〉

존 오거스트 스완슨, 2003년

그림 속 인물들이 빵을 나누며 기뻐하고 있다. 빵과 물고기의 기적 이야기가 시끌벅적한 나눔의 잔치로 그려져 있다. 5천 명을 먹인 기적 이야기는 없던 빵과 물고기가 늘어났다는 것이 아니라, 보잘것없는 음식이라도 여럿이서 풍족하게 나누어 먹었다는 감격의 표현이다.

는 기쁨과 풍성함을 보여 줍니다. 이 이야기는 공생공빈(가난으로 더불어 사는 삶), 공생공락(함께 기뻐하며 사는 삶)의 기적을 은유적으로, 그러나 웅변적으로 말해 줍니다. 그리고 예수의 죽음을 기념하는 성만찬도 따지고 보면 이러한 예수의 생애에서 기쁨의 잔치, 나눔의 잔치를 기념하고 계승하는 것이라고 할 수 있습니다.

부활 신앙과 교회의 성립

예수의 부활이란? 10

빈 무덤 이야기의 열린 결말

안식일이 지나니, 막달라 마리아와 야고보의 어머니 마리아와 살로메는 가서 예수께 발라 드리려고 향료를 샀다. 그래서 이레의 첫날 새벽, 해가 막 돋을 때에 무덤으로 갔다. 그들은 "누가 우리를 위하여 그 돌을 무덤 입구에서 굴려내 주겠는가?" 하고 서로 말하였다. 그런데 눈을 들어서 보니, 그 돌덩이는 벌써 굴려져 있었다. 그 돌은 엄청나게 컸다. 그 여자들은 무덤 안으로 들어가서, 웬 젊은 남자가 흰옷을 입고 오른쪽에 앉아 있는 것을 보고 몹시 놀랐다. 그가 여자들에게 말하였다. "놀라지 마십시오. 그대들은 십자가에 못 박히신 나사렛 사람 예수를 찾고 있습니다만, 그는 살아나셨습니다. 그는 여기에 계시지 않습니다. 보십시오, 그를 안장했던 곳입니다. 그의 제자들과 베드로에게 이르십시오. 그는 그들보다 앞서서 갈릴리로 가십니다. 그가 그들에게 말씀하신 대로, 그들은 거기에서 그를 볼 것이라고 하십시오." 그들은 뛰쳐나와 무덤에서 도망하였다. 그들은 벌벌 떨며 넋을 잃었던 것이다. 그들은 두려워서 아무에게도 아무 말도 못하였다.(마가 16:1~8)

예수가 십자가에 달려 죽은 지 사흘 만에 부활했다는 것은 기독교 신앙의 핵심적인 고백입니다. 예수는 무덤에 누워 있지 않고 하나님이 일으켜 세우셨다는 것입니다. 예수가 죽은 뒤 그를 따르던 수많은 사람들이 "그는 살아 있다!"는 체험을 하게 됩니다. 두세 명이 길을 가는 가운데, 제자들이 밥을 먹거나 물고기를 잡는 가운데, 또 때로는 수백 명이 있는 자리에 예수는 부활한 몸으로 나타나서 두려워하던 그들에게 용기를 주고 희망을 불어넣습니다. 이런 일이 한두 명에 그친 것이 아니라 집단적으로 여기저기서 일어나고 너도나도 부활한 그리스도를 만났다고 했습니다. 그러면서 부활은 하나의 현상이 되었고, 초대 교회가 성립하는 출발점이 되었습니다.

위에서 인용한 구절은 마가복음서에 나오는 빈 무덤 이야기입니다. 지금 우리가 보는 마가복음서에는 이 뒤에 예수가 부활해서 나타나는 이야기들이 나옵니다. 그렇지만 학자들은 여러 사본 증거들에 근거해서 마가복음서가 원래는 16장 8절로 끝났다고 봅니다. 그러니까 마가복음서는 빈 무덤을 발견하고 놀란 여자들이 두려워서 아무 말도 못했다는 이야기로 갑삭스럽게 끝납니다. 물론 마가가 정말로 여자들이 아무 말도 못하고 그걸로 모든 것이 끝났다는 의미로 쓰지는 않았을 것입니다. 일종의 열린 결말이라고 할 수 있습니다.

마가복음서와 마태복음서에는 부활한 예수가 갈릴리로 먼저 가는 것으로 되어 있습니다. 그렇지만 누가복음서에는 부활한 예수가 예루살렘으로 가는 것으로 되어 있고, 이어지는 누가의 사도행전에서는 예루살렘에서 초대 교회가 시작되는 것으로 기록되어 있습니다. 현재 우리에게는 갈릴리 교회의 성립에 관한 기록은 없고, 누가가 남긴 예루살렘 교회에 관한 기록만 있습니다. 부활한 예수가 마가복음서와 마태복음서의 기록처럼 갈릴리로 갔는지, 아니면 누가복음서의 기록대로 예루살렘으로 갔는지 묻는 것은 부질없습니다. 왜냐하면 어차피 이 질문은 역사의 범주를 벗어나는 것이기 때문입니다. 다만 부활한 예수가 나타나는 것과 관련해서 여러 갈래의 이야기가 전해졌고, 그것이 각 복음서마다 다르게 나타나는 것이라고 추측할 수 있을 뿐입니다.

우리가 알고 있는 예수의 생애는 편의상 마가라고 불리는 마가복음서의 저자가 남긴 기록을 토대로 틀이 잡혔습니다. 최초의 복음서 저자인 그는 팔레스타인의 가난한 농민과 함께한 예수의 활동, 그로 인한 예수의 죽음과 부활이라는 복음서의 기본 틀을 놓았습니다. 그런데 마가복음서는 예수가 공적으로 세상에 등장한 이후 예루살렘에 가기 전까지의 전반부(1~8장), 예루살렘으로 가는 길과 예루살렘에서의 일화(9~13장), 수난과 부활

(14~16장)로 이루어져 있습니다. 마가가 그린 예수의 공생애(개인의 일생에서 공인으로 활동한 기간) 활동은 수난과 부활에서 절정에 이릅니다. 분량 면에서도 수난과 부활은 실제 공생애에서 차지하는 기간에 비해 꽤 많다고 할 수 있습니다. 게다가 학자들은 마가복음서가 형성될 때 수난과 부활 이야기가 토대가 되었으리라 보고 있습니다. 그러므로 예수의 지상 활동을 다룬 이야기들은 수난·부활 설화와의 유기적인 관련성 안에서 이해해야 합니다. 그가 어떻게 죽었느냐가 그의 삶의 결정적인 내용을 보여 주며, 그의 죽음을 부활의 빛에서 제대로 이해해야만 그의 선포와 활동을 올바로 이해할 수 있습니다.

그런데 이러한 부활 사건은 역사적으로 검증할 수는 없습니다. 역사 속에서 되풀이되거나 유추할 수 없는 사건이라는 뜻입니다. 빈 무덤 역시 부활을 입증하지는 못합니다. 마태복음서에서는 빈 무덤에 대한 또 다른 반응, 즉 예수의 제자들이 시체를 훔쳐 갔다는 반응도 언급하고 있습니다(마태 28:13). 신약 성서의 빈 무덤 이야기는 부활을 역사적으로 입증하는 것이 아니라 오히려 의심을 부를 수도 있습니다. 예수의 부활 사건은 철저하게 믿음의 차원, 신앙 고백의 차원에서 이해해야 합니다.

예수의 부활이란 내 삶에서 예수를 살려 내는 것

그렇다면 초대 기독교인들의 부활 선언을 신앙적으로 어떻게 이해해야 할까요? 흔히 사람들은 부활을 사체 소생, 즉 시체가 다시 살아나는 것으로 이해합니다. 그러나 복음서 어디에도 무덤에 누워 있던 예수의 시체가 다시 살아나는 장면은 나오지 않습니다. 다만 예수를 따르던 여자들이 예수의 시체에 향유를 바르러 갔을 때 무덤이 비어 있었으며, 제자들이 있는 자리에 부활한 예수가 나타났다는 이야기만 나올 뿐입니다. 복음서 저자들이 예수의 시체가 살아나는 장면을 묘사하지 않은 것은 참으로 현명하고 다행스러운 일입니다. 만일 그랬다면 부활 이야기가 마치 중국 전설 속 강시 이야기 같은 것이 되어 버렸을 것입니다.

마태복음서, 누가복음서, 요한복음서, 그리고 고린도 전서에 나오는 부활 현현 이야기들은 수많은 사람들이 집단적으로 부활한 예수를 만난 경험을 전해 줍니다. 그리고 이 본문들에서 부활한 예수는 유령이나 귀신이 아니라 몸을 가진 존재로 제자들과 함께 대화하고 식사를 하며 못 박힌 자국을 보여 주기도 합니다. 제자들은 부활한 예수를 고기 잡는 일터에서, 밥을 먹는 자리에서 만날 수 있었습니다. 또한 부활한 예수는 갈릴리로 먼저 갔다고 합니다. 갈릴리는 살아 숨 쉬는 민중의 현장입니다. 농민들의 눈물과 한숨, 하나님 나라를 위한 몸부림이 있는 곳입니다. 신약성서는 부활한 예수가 이처럼 실제적이고 민중적인 방식으로 명백히 나타나는 장면을 묘사합니다. 아마도 이것은 부활이 몇몇 제자나 일부 신자의 내면에서 일어난 주관적인 심리 현상이 아니라, 수많은 민중의 삶 한가운데서 변화를 가져온 현실적인 사건임을 말하기 위해서일 것입니다.

초대 기독교인들은 하나님이 죽음을 넘어 예수를 살리는 참된 기적을 행했다는 믿음을 '몸의 부활'이라는 형태로 표현했을 것입니다. 신약 성서에 따르면 이 참된 기적은 예수의 죽음 앞에서 두려워하고 도망갔던 제자들을 담대하고 새로운 삶으로 이끕니다. 그러므로 부활은 삶과 역사의 근본적인 변화를 가능하게 하는 하나님의 기적이 일어났다는 믿음을 나타냅니다. 죽어도 살고, 죽음을 넘고, 죽음을 넘어 사는 것이 예수의 부활을 통해 가능해졌다는 것입니다. 허무와 무의미, 물질과 육체, 개체의 생사를 모두 넘어, 그리고 관념이나 추상이나 환상이 아니라 실제로 생명 속에서 몸으로 사는 것이 가능해졌다는 것입니다.

기독교 신앙은 예수의 십자가 죽음과 부활을 통해 개인과 역사의 근본 성격과 방향이 바뀌었다고 선언합니다. 그리고 하나님과 인간, 하나님과 세상 사이에 근본적인 변화가 일어났다고 선언합니다. 저주와 파멸, 죽음으로 가는 역사가 공생과 상생, 천국으로 가는 역사로 바뀌었다는 뜻입니다. 부활 신앙은 한 인간의 사체 소생이나 죽음 이후의 변신을 믿는 것이 아니라, 개체의 삶과 죽음을 넘어선 다른 생명의 차원인 영의 차원이 열렸다는 믿음입니다. 이러한 의미에서 신약 성서가 말하는 부활은 육신의 생사를 뛰어넘는 참된 기적입니다.

바울에 따르면, 예수의 부활을 믿는다는 것은 예수의 부활을 내 삶의 중심으로 삼아 내 속에서 예수가 살아나고 내 삶에서 예수를 살려 내는 것을 뜻합니다. 그래서 바울은 예수의 십자가

예수를 되살린 라스 카사스 신부

유럽에서 최초로 아메리카 원주민의 인권을 옹호한 라스 카사스.
그도 처음에는 아메리카 대륙에서 큰 농장을 소유하고 많은 노예를 부렸다.
그러나 자신의 모든 재산이 원주민의 몫을 빼앗은 것이라는 사실을 깨닫고는
인생을 다시 살았다. 억압받는 원주민을 위해 싸우다가 죽을 고비도 여러 번
넘긴 그를 통해 삶에서 예수를 되살리는 것이 어떤 것인지 보게 된다.

에서 자신은 죽고 그리스도 예수가 살게 되었다고 말했습니다. 안타깝게도 오늘날 많은 기독교인들이 실제로 이렇게 살지는 못하지만, 원래 기독교는 이러한 좋은 믿음에서 출발했습니다.

예수의 부활, 즉 예수의 생명을 내 삶에서 살려 낸다는 부활 신앙은 각자 자신의 소유물을 내놓고 함께 나누었던 초대 교회의 공동생활 속에 살아 있었습니다. 또 이자 놀이를 금했던 고대 교회의 법과 교회 안팎의 나그네와 병자들을 예수 그리스도처럼 맞아서 돌보았던 교회의 전통 속에도 살아 있었습니다. 그리고 유럽이 아메리카를 침략하던 16세기에 아메리카 원주민들 편에 서서 그들의 삶을 옹호한 라스 카사스(1481~1566) 신부에게서도 부활 신앙의 실천을 볼 수 있습니다. 주류 신학자들과 교회 지도자들이 아메리카 원주민은 하나님의 형상을 한 인간이 아니라며 학대하고 학살한 것을 정당화하던 때에 라스 카사스 신부는 아메리카 원주민들을 위해 자신의 삶을 바쳤습니다. 이런 사람들이야말로 자신의 삶에서 예수를 살려 내고 부활 신앙을 실천했습니다. 부활 신앙의 전통은 수많은 이름 없는 사람들의 믿음의 대열 속에 오늘날까지 조용히 이어지고 있습니다.

교회의 성립과 발전 *11*

신분과 가부장 질서를 깨고 평등한 공동체를 만들다

신약 성서 사도행전은 예수가 죽은 뒤 교회가 성립한 이야기를 전합니다. 사도행전에 따르면 예수가 죽은 후 예수를 추종하던 무리는 흩어지지 않고 교회를 세웠습니다. 복음서들에 따르면 예수의 추종자들은 예수가 십자가에 달림으로써 그의 삶이 실패로 끝난 것이 아니라, 그가 부활했다고 선언했습니다. 그들은 부활한 예수가 자신들이 모인 가운데 이따금 나타났다고 주장했으며, 그리스도의 살아 있음을 삶 속에서 계속 경험했습니다.

또한 사도행전에 따르면 이들은 (갈릴리가 아니라) 예루살렘에서 모였습니다. 예수의 주요 활동 무대였던 갈릴리에도 예수 추종자들의 공동체가 있었겠지만, 사도행전에 의해 기록으로 전해진 것은 예루살렘 교회입니다. 예루살렘에 모인 초대 교인들은 처음에 두려움에 떨었습니다. 예수의 십자가 처형으로 인해 그의 추종자들은 정치적으로 불온하게 여겨질 수밖에 없었던 데

다가 유대 당국과 로마 제국의 위협이 계속되었기 때문입니다. 그러나 사도행전 2장이 전하는 바에 따르면, 이들은 밖에서 안으로 불처럼 들어와 마음을 뜨겁게 하는 영적 체험을 하고 난 뒤 담대한 선교자로 나서게 됩니다.

사도행전이 전하는 최초의 교회 모습에 따르면 초대 기독교인들은 날마다 기도와 찬양으로 모이고, 가진 것을 다 내놓고 재산을 공유했습니다. 말 그대로 예수가 추구한 공동체의 삶을 실천하고자 노력했습니다. 초대 기독교인들은 자유롭고 평등한 종말론적 이상 공동체를 실현하고자 애썼으며, 새롭고 다른 삶의 방식을 추구했습니다.

> 유대 사람이나 헬라 사람(그리스인)이나 종이나 자유인이나
> 남자나 여자나 차별이 없습니다. 그것은 여러분이 그리스도 예
> 수 안에서 다 하나이기 때문입니다.(갈라 3:28)

이것은 초대 교회 때의 세례 고백문으로, 바울이 그의 편지에서 인용한 것입니다. 이는 기독교의 핵심 진리를 표현해 주는 말이었습니다. 또한 공허한 구호로 그치지 않고 가부장 중심의 신분 사회에서 힘겹게 살아가는 많은 사람들에게 새로운 삶의 가능성을 제시해 주었습니다.

당시 사회는 성과 신분으로 사람을 차별했지만, 적어도 교회 안에서는 남자나 여자나, 종이나 자유인이나, 유대인이나 그리

스인이나 다 하나라는 선언을 실현하고자 노력했습니다. 이러한 초대 기독교인들의 그리스도 선포와 대안적인 삶은 로마 제국과 유대 당국의 이중의 억압과 수탈 아래 신음하던 민중에게 큰 관심을 끌었습니다. 특히 여성들에게 큰 관심을 끌었고 상당수가 교회 안으로 들어왔습니다. 그들은 이것을 막연한 공상이 아니라 구체적이고 실천적인 대안으로 받아들였기 때문에 교회 안으로 들어오게 되었습니다.

교회는 신분이 다양한 온갖 계층의 사람들이 모일 수 있는 거의 유일한 사회단체였습니다. 그들은 그리스도 안에서 하나 됨을 기치로 모일 수 있었습니다. 오늘날 우리 사회도 그렇지만, 당시 로마 사회에서는 사회적인 지위와 신분이 비슷한 사람들끼리 모이는 것이 일반적이었습니다. 노예나 여성, 하층민들이 가입할 수 있는 공적인 단체라고는 거의 없었습니다. 오직 교회만이 원칙적으로 모든 신분의 사람들에게 개방된 단체였습니다. 따라서 여기에는 많은 하층민들, 특히 여성들이 참여했고 그들은 활동도 매우 적극적이었습니다.

이 때문에 교회 안에는 다양한 사회적 긴장과 계급적 갈등이 있었고, 잡다한 문제들이 발생하기도 했습니다. 이는 바울의 서신들에서 확인할 수 있습니다. 이에 대해서는 13장, 14장에서 살펴보겠습니다.

여성 선교사 유니아(오른쪽)

기독교 성인을 그린 그리스 정교회의 성화로, 왼쪽부터 안드로니고,
아타나시우스, 유니아다. 유니아는 예수의 가르침을 전했으며, 바울과 함께
구속되기도 했다. 바울은 로마서 16장 7절에서 유니아를 "사도들에게 좋은
평을 받고 있고, 나보다 먼저 그리스도를 믿은 사람"이라고 추켜세웠다.
초대 기독교에서는 가부장 질서를 깨고 여성도 선교사로 활동했다.

유대교 안의 한 종파에서 기독교로 독립

처음에 로마는 기독교를 새로운 종교가 아니라 합법적인 종교였던 유대교 안의 한 종파로 이해했습니다. 그러나 66~70년 유대인들의 봉기 이후 사정이 달라집니다. 로마에 대항한 이 유대 독립 전쟁에서 유대인들이 패하고 예루살렘 성전이 파괴되었습니다. 그 뒤 바리새파는 로마의 승인 아래 얌니아라는 곳에서 팔레스타인 유대교를 재건하기 위해 노력합니다. 이때 유대교 재건 운동의 주역이던 바리새파 사람들은 기독교가 유대교의 분파가 아니라는 사실을 분명히 했습니다. 이 때문에 기독교는 방패막이를 잃게 되었습니다. 이렇게 유대교에서 쫓겨나면서 기독교는 새로운 종교로 독립합니다.

그 이전까지는 정확히 말하면 기독교가 아니라 '유대교 내 예수파'라고 보는 것이 맞습니다. 이를 보통 '초대 기독교'라는 말로 뭉뚱그려 표현합니다. 그러나 엄밀히 말하면 예수는 물론이고 바울도 역사적으로는 기독교 이전 단계에 속합니다.

초대 기독교가 로마 사회에 놀라운 속도로 전파되기 시작하자 탄압도 더해 갔습니다. 도미티아누스 박해(93~95년)는 1세기 기독교인들이 받은 대표적인 박해 가운데 하나입니다. 이 박해를 배경으로 쓰인 것이 요한 계시록입니다. 그런 박해에도 불구하고 초대 기독교는 계속 그 수가 늘었고, 눈에 띌 만한 세력으로 성장했습니다. 박해의 위협은 늘 있었지만, 로마 제국은 기독교인들이 정치적으로 문제를 일으키지 않는 한에서는 내버려

두었습니다.

한편 초창기부터 계속되던 유대 기독교와 이방 기독교 사이의 주도권 다툼에서 후자가 확실하게 승리합니다. 70년 예루살렘 파멸과 함께 그곳에 거점을 두었던 유대 기독교인들이 역사의 무대에서 점차 사라졌기 때문입니다. 그리하여 교회의 주도권은 다른 집단, 특히 바울 전통의 영향 아래 있는 집단으로 넘어갔습니다. 이들은 특히 율법 문제와 관련해서 예루살렘 교회와는 견해가 달랐습니다.

1세기 말 예루살렘 성전이 무너지고 신앙의 첫 세대였던 사도들도 다 사라져 가는 상황에서 교회는 지도력을 다시금 정립할 필요성을 절실하게 느꼈습니다. 즉 1세기 말이 되자 초대 기독교는 초기의 열광적인 기대와 즉흥성의 단계를 거쳐 지속적으로 발전하기 위해 제도를 갖추는 단계에 이릅니다. 또한 기대했던 예수의 재림이 이루어지지 않고 지연되는 문제에도 신학적으로 올바른 응답을 해야 했습니다.

따라서 기독교 공동체들은 한편으로는 로마의 박해에 맞서 싸우는 데 힘이 될 만한 신학적 개념들을 발전시키고, 동시에 다른 한편으로는 로마의 전 영토로 뿔뿔이 흩어진 기독교 공동체가 잡다한 작은 종파로 변질되는 것을 막기 위해 조직적·행정적 통일성을 갖추는 문제를 생각하기 시작했습니다. 다시 말해 이 시기 기독교 공동체들이 맞닥뜨린 문제는 행정적으로나 신학적으로 어떻게 공고한 제도로 정착할 수 있느냐는 것이었습니다,

그리고 이는 어마어마한 물리력을 갖추고 있는 로마 제국에 맞서고, 문화·인종·계급·성별 등 모든 면에서 다양한 기독교 공동체를 아우르면서 이루어져야 했습니다. 이에 대한 대응으로 1세기 말의 기독교 교회는 보편 교회(catholic church)를 향한 발전을 준비하게 됩니다. 신약 성서에 실린 후기 문헌들에는 이러한 노력이 담겨 있습니다.

바울과 초기 기독교

바울의 회심과 그가 남긴 편지들 *12*

교회를 세우고 기독교 신학의 기초를 놓은 바울

예수 사후 초대 교회의 선교 역사에는 바울이라는 걸출한 인물이 있었습니다. 그는 예수를 직접 만난 적이 없는 독실한 유대인이었는데, 다마스쿠스로 가는 길에 예기치 못하게 부활한 그리스도를 만나는 체험을 하게 됩니다. 이른바 바울의 회심 사건입니다. 이 사건을 계기로 바울은 율법에 충실한 유대인이던 그리스도의 적에서 그리스도의 종이 되었습니다.

바울은 유대교 신앙에 대해 회의하고 모순을 느껴 고민하다가 그리스도에게서 답을 발견한 것이 아닙니다. 자신의 의지와는 상관없이 밖에서 뚫고 들어온 '그리스도 계시'에 따라 전환을 이룬 인물입니다. 바울이라는 인물은 자신의 생애 안에 이러한 극적인 긴장과 대립, 모순을 포함하고 있으며, 그의 신학 또한 긴장과 역설이 넘칩니다.

바울의 역동적인 생애와 신학을 알기 위해서는 그가 쓴 편지들을 읽는 길밖에 없습니다. 바울은 자기가 설립하거나 자기와 관계있는 교회들을 직접 방문하지 못하는 경우가 많았습니다. 때문에 여행자나 대리자들을 통해 구두나 편지로 공동체에 대한 보고를 자주 받았고, 또 자신의 생각을 편지로 써서 보냈습니다. 바울이 쓴 편지들은 주로 특정 지역의 여러 교회들 전체 또는 여러 가정 교회 공동체들에 보낸 것으로, 모인 사람들 앞에서 공개적으로 낭독되었습니다.

바울의 편지들은 대부분 복음서들보다 앞선 시기(50~60년대)에 쓰였으며, 초대 교회의 문헌들 가운데 가장 오래된 것에 속합니다. 그의 편지들은 열정적이면서도 소명 의식으로 가득 찬 바울이라는 한 인간의 인격을 생생하게 보여 줍니다. 또한 추상적이고 이론적인 사변이 아니라 언제나 살아 있는 말로써 그 말을 듣는 이들의 삶을 관통합니다.

현재 신약 성서 안에 바울의 이름으로 되어 있는 편지는 모두 13개입니다. 이 밖에도 히브리서가 바울의 편지라고 여겨졌습니다. 그러나 연구 결과 바울이 직접 쓴 편지로 밝혀진 것은 데살로니가 전서, 고린도 전서, 고린도 후서, 갈라디아서, 빌립보서, 빌레몬서, 로마서 일곱 개입니다. 옛날에 바울이 쓴 것으로 여겨졌던 서신들, 즉 디모데 전서, 디모데 후서, 디도서, 골로새서, 에베소서, 데살로니가 후서는 후대에 바울의 제자들이 바울의 이름을 사용한 것으로 보입니다. 바울의 권위에 기대어 교회의 가르침을 정당화하기 위해 바울의 이름을 사용한 것입니다.

〈편지를 쓰는 바울〉

렘브란트 판 레인, 1629년

펜을 잡은 손을 늘어뜨린 채 생각에 잠긴 바울이 지친 듯한 모습으로
앉아 있다. 빛과 어둠의 강한 대조만큼이나 바울 내면의 긴장과 갈등이
느껴진다. 바울이 여러 신앙 공동체에 보낸 편지들은 신약 성서에
포함되었고, 기독교 신학의 기초가 되었다.

저작권법 같은 것이 아예 없던 그때로서는 제자가 스승을 존경하는 마음을 표현하기 위해 자기 글을 스승의 이름으로 출판하곤 했기 때문에, 그것은 충분히 가능한 일이었습니다. 말하자면 바울학파가 편지를 토대로 정체성을 확립해 나간 것이라고 할 수 있습니다.

바울이 직접 쓴 것으로 판단되는 일곱 개의 서신 가운데 빌레몬서를 제외한 나머지 여섯 개의 편지는 바울이 각 지역의 공동체들에서 받은 질문에 답하거나 교리적 또는 윤리적 무질서에 대응하는 과정에서 쓴 것입니다. 여기서 편지의 내용을 각각 구체적으로 다룰 수는 없지만, 바울이 쓴 편지의 내용과 형식에서 추측할 수 있는 것은 그는 선교적인 실천가이지 책상 앞에서 사변을 펼치는 저술가가 아니었다는 점입니다. 바울이 편지로 자신의 견해를 밝혔다는 사실 자체가 그의 신학적 사고가 구체적이고 경험적인 성격을 띤다는 것을 말해 줍니다.

바울의 편지들은 특정한 기회에, 구체적인 동기에서, 특정한 사람들에게 쓴 것입니다. 다시 말해, 그때그때의 곤경에서 나온 글들입니다. 그는 예수가 하나님 나라 운동을 펼치던 때와는 전혀 다른 상황에서 그 운동의 기본 정신을 실현하면서 막 태어난 교회를 유지하고 돌봐야 한다는 소명 의식 아래 편지로 자신의 생각을 펼쳤습니다. 그리고 그것이 초대 기독교 신학의 기초가 되었습니다.

사도행전이 묘사하는 바울의 회심 사건

생전의 예수를 만난 적이 없는 바울은 십자가에 달렸다가 부활한 예수를 만나 인생이 크게 바뀝니다. 그는 루터*처럼 구원에 대한 내적 확신이 없어서 회의하고 괴로워한 인물이 아니었습니다. 확신에 넘치는 인물이었고, 독실한 바리새파 유대인이었으며, 율법과 성전에 도전한 예수 추종자들을 박해하던 인물이었습니다. 그런 그가 기세등등해서 예수 추종자들을 박해하러 가는 길에 부활한 예수를 만납니다. 이 체험을 바울 자신은 갈라디아서에서 아주 간략하게 언급합니다. 반면 사도행전에는 극적으로 채색되어 세 차례나 언급되어 있습니다(사도 9, 20, 26).

사도행전의 묘사에 따르면 바울은 예루살렘의 저명한 바리새파 학자 가말리엘의 문하생이었고, 예수 추종자들을 체포하려고 집집마다 찾아다녔습니다. 그런 그가 신도들을 붙잡아 오려고 다마스쿠스로 가는 길에 그 유명한 회심 체험을 하게 됩니다. 이 체험에 대한 사도행전의 묘사는 매우 극적입니다. 갑작스러운 나타남에 바울은 땅에 쓰러지고 눈이 머는데, 아나니아라는 사람에 의해 시력을 되찾습니다.

그러나 사도행전의 이 묘사는 사실적이라기보다는 문학적인

---

* 독일의 종교 개혁자(1483~1546). 로마 교황청의 면죄부 판매를 반박하는 항의서를 발표하여 종교 개혁의 계기를 마련하였다. 루터는 구원에 대한 확신이 없어서 고행도 하고 금식도 하며 괴로워하다가 로마서를 읽고 '오직 믿음만으로'라는 깨달음에 이르렀다.

창작일 가능성이 높습니다. 예를 들어 세 차례에 걸친 묘사 가운데 26장에는 바울이 땅에 엎어질 때 곁에 있던 사람들도 모두 그렇게 되었다고 나오지만(사도 26:14), 9장에는 다른 사람들은 모두 서 있었던 것으로 나옵니다(사도 9:7). 또 22장에는 곁에 있던 사람들도 듣지 못했다고 되어 있지만(사도 22:9), 9장에는 곁에 있던 사람들이 목소리는 들었지만 아무것도 보지 못했다고 되어 있습니다(사도 9:7). 말하자면 사도행전은 회심 장면 자체를 매우 인상적인 환상 체험으로 묘사해 놓았습니다. 또한 회심 이전 바울의 그리스도인 박해를 더 강조해서 회심 이후와 극적인 대조를 이루게 합니다.

그렇다면 바울 자신은 이 체험을 어떻게 말하고 있을까요?

바울 자신이 말하는 회심 사건

내가 전에 유대교에 있을 때 한 행위가 어떠하였는가를, 여러분이 이미 들은 줄 압니다. 나는 하나님의 교회를 몹시 박해하였고, 또 아주 없애 버리려고 하였습니다. 나는 내 동족 가운데 나와 비슷한 나이의 많은 사람보다 유대교에서 앞서 있었으며, 내 조상들의 전통을 지키는 일에도 훨씬 더 열성이었습니다. 그러나 나를 모태에서부터 따로 세우시고 은혜로 불러 주신 분께서, 그 아들을 이방 사람에게 전하게 하시려고 그 아들을 나에게 기꺼이 나타내 보이셨습니다. 그때에 나는 사람들과

의논하지 않았고, 또 나보다 먼저 사도가 된 사람들을 만나려고 예루살렘으로 올라가지도 않았습니다. 나는 곧바로 아라비아로 갔다가 다마스쿠스로 되돌아갔습니다.(갈라 1:13~17)

내가 전해 받은 중요한 것을 여러분에게 전해 드렸습니다. 그것은 곧 그리스도께서 성경대로 우리 죄를 위하여 죽으셨다는 것과, 무덤에 묻히셨다는 것과, 성경대로 사흘째 되는 날에 살아나셨다는 것과, 게바에게 나타나시고 다음에 열두 제자에게 나타나셨다는 것입니다. 그다음에 그리스도께서는 한 번에 오백 명이 넘는 형제들에게 나타나셨는데, 그 가운데 더러는 세상을 떠났지만 대다수는 지금도 살아 있습니다. 그다음에 야고보에게 나타나시고, 그다음에 모든 사도들에게 나타나셨습니다. 그런데 맨 나중에 달이 차지 못하여 태어난 자와 같은 나에게도 나타나셨습니다. 나는 사도들 중에서 가장 작은 사도입니다. 나는 사도라고 불릴 만한 자격도 없습니다. 그것은, 내가 하나님의 교회를 박해하였기 때문입니다.(고전 15:3~9)

회심 사건에 대한 바울 자신의 묘사에 따르면, 이전에 그리스도인을 박해하는 독실한 유대인이었던 바울은 부활한 그리스도가 자신에게 "나타나는" 체험을 하게 되었습니다. 그 뒤 그는 부활한 그리스도를 전하는 자가 되었습니다. 고린도 전서 15장에서 바울은 자신의 체험을 다른 많은 사람들에게도 나타났던 그리스도의 나타남과 동일 선상에서 기술했습니다. 갈라디아서에서는 자신의 체험을 이방인을 위한 사도로서 자신의 소명과 관련해서 기술하고 있습니다. 말하자면 바울은 자신의 황홀한 영적 체험을 과시하거나 거기에 근거해서 자신의 선교의 정당성을 주장하지 않았습니다. 그보다 그는 이방인을 위한 사도로서, 또한 그리스도의 부활을 전하는 자로서 자신의 소명과 회심 체험을 긴밀하게 연결하고 있습니다.

바울은 오늘날 터키에 해당하는 소아시아 길리기아(실리시아)의 수도 다소(타르수스) 출신으로 독실한 유대인이었습니다. 그는 결코 회의주의적이거나 내성적인 인물이 아니었고, 자기 종교에 대해서도 전혀 회의가 없었습니다. 그는 모세와 율법과 성전을 무시하는 것으로 보였던 초대 기독교를 박해하기까지 했습니다. 그러던 그가 다마스쿠스에서 예기치 못한 체험을 함으로써 초대 기독교 집단에 속하게 됩니다. 예수를 박해하는 자에서 예수를 선포하는 자로 180도 방향을 틀게 됩니다. 이제까지 유대교를 향해 쏟아부었던 열렬한 헌신이 예수로 향하면서 그는 열렬한 초대 기독교 선교사가 됩니다. 이 점에서 근본적으로 바울은 신비스러운 영적 체험에 열려 있는 사람이었습니다.

그러나 바울은 이 체험의 열광적이고 신비스러운 측면을 호들갑스럽게 강조하기보다는 일반적이고 보편적인 언어로 말했습니다. 갈라디아서 1장에서 바울은 다마스쿠스에서의 체험은 하나님이 자신을 이방 선교사로 부른 사건이었다고 고백하고 있습니다. 예수 그리스도의 십자가 사건으로 말미암은 구원의 소식을 이방인에게 전파하는 것이 다마스쿠스에서 그를 부르신 하나님의 목적이었다는 것입니다. 즉 다마스쿠스에서의 극적이고도 신비스러운 회심 체험은 바울 자신에게 이방 선교사로서의 소명 체험으로 이해됩니다. 이는 그 뒤 바울의 선교와 그로부터 발전하는 그의 신학의 토대가 됩니다.

바울의 삶의 전환은 신분이 상승하고 운수가 대통하게 되는 것이 아니라, 현실적으로는 그 반대였습니다. 즉 사회적 신분이 내려가고 끝없는 고난과 박해가 기다리고 있었습니다. 바울은 '정신 나간 사람처럼 하는 말'이라면서 자신의 고생담을 늘어놓기도 합니다. 그는 옥살이와 매질도 수없이 당했고, 난파를 당해서 밤낮 하루를 꼬박 깊은 바다에서 떠다닌 적도 있었습니다(고후 11:23~25). "자주 여행하는 동안 강물의 위험, 강도의 위험, 동족에게서 오는 위험, 이민족에게서 오는 위험, 고을에서 겪는 위험, 광야에서 겪는 위험, 바다에서 겪는 위험, 거짓 형제들 사이에서 겪는 위험"(고후 11:26)이 뒤따랐습니다. "수고와 고생, 잦은 밤샘, 굶주림과 목마름, 잦은 결식, 추위와 헐벗음에 시달렸습니다"(고후 11:27).

그렇다면 이렇게 고생하면서까지 그가 간절히 전하고자 한 것은 무엇이었을까요? 바울의 초기 편지들을 보면, 무슨 말을 하건 그리스도의 부활 이야기로 정리됩니다. 부활한 주가 곧 돌아오며, 살아남은 그리스도인들뿐 아니라 이미 죽은 그리스도인들도 부활하여 그리스도와 연합한다는 것입니다(데전 4:13~18, 고전 15:51~52). 바울은 십자가에 달렸다가 부활한 예수를 직접 만났고, 그 예수의 부활을 보편적인 부활이 일어나는 종말 사건의 시작으로 보았습니다(고전 15:12~20). 그는 자기가 죽기 전에 이런 종말 사건이 실제 일어날 것이라고 생각했습니다. 그렇지만 후기 편지들로 가면 그리스도가 재림하기 전에 자기가 죽을 수 있다는 가능성을 받아들입니다(빌립 1:19~26, 고후 5:1~10). 물론 바울의 기대는 지금까지도 이루어지지 않았습니다.

그러나 바울의 그 기대가 객관적으로 성취되었건 아니건 간에, 분명한 것은 바울은 자신이 속한 세계가 곧 끝난다고 생각했다는 것입니다. 죽은 자의 부활, 천사들의 나팔 소리, 그리스도의 재림과 같은 신화적인 환상은 세계의 끝, 시대의 끝에 대한 바울의 종말론적 기대를 표현하는 말들입니다. 유대교 묵시 문학에서 유래한 그러한 신화적 환상들은 원래 '세계의 전환' 또는 '문명의 전환'과 관련되어 있습니다.

종말이란 제국의 문명과 권력의 신화가 끝나는 것

바울의 부활 선언을 이해하기 위해서는 유대 묵시 문학의 기본적인 성격을 알아볼 필요가 있습니다. 묵시 문학에서는 현대인들과 달리 신화와 역사를 대립적으로 이해하지 않았습니다. 묵시 문학에서는 인간사의 사건들 배후에 악의 세력과 하나님 사이의 우주적인 투쟁이 놓여 있다고 보았습니다. 현실 권력이나 사건들의 배후에서 영적인 힘을 보았기 때문에, 역사와 신화 사이에 아무 경계가 없었습니다. 따라서 역사와 신화 사이를 자유자재로 넘나들었습니다. 오히려 그랬기 때문에 사물과 사실을 피상적으로 보지 않고, 그 내면으로 깊숙이 들어가 도덕적 날카로움을 유지할 수 있었을 것입니다. 예컨대 1세기 말에 쓰인 유대교 묵시 문학 작품인 외경 제4 에스라서에는 한 마리 사자(메시아)가 독수리(로마)에게 말을 건네는 환상이 이렇게 묘사되어 있습니다.

"너는, 나의 세상을 통치하고 나의 시대에 종말을 오게 하기 위하여 내가 만든 네 마리 짐승 가운데 남아 있는 한 마리가 아니더냐? 네 번째 짐승인 너는 이미 전에 사라져 버린 모든 짐승을 정복했으며, 엄청난 공포로 세상을 지배했으며, 가혹한 억압으로 온 땅을 지배했고, 오랫동안 온갖 속임수로 이 땅에 머물러 왔다. (……) 너는 온순한 자들을 괴롭히고 평화로운 자들에게 상처를 입혔다. 너는 진실을 말하는 자들을 증오했고, 거짓말쟁이를 좋아했다. 너는 열매를 맺는 사람들의 집을 파괴했고, 너에게 해를 입히지 않은 사람들의 벽을 무너뜨렸다. 너의 오만은 가장 높으신 분 앞에까지 다다랐고, 그리고 너의 자만심은 전능한 분에게 이르렀다. 그리고 가장 높으신 분이 자신의 때를 지켜보니, 보라, 그들은 끝장이 났으며, 그분의 시대는 완성되었도다! 그러므로 독수리 너는 분명히 사라

독수리를 새긴 로마 제국의 은화

은으로 만든 동전 한쪽에는 황제가, 다른 한쪽에는 독수리가 새겨져 있다.
황제는 존엄한 모습으로 묘사되었고, 독수리는 로마 제국의 상징으로 쓰였다.
독수리는 성서에서뿐만 아니라 유럽 역사에서 곧잘 로마 제국의 상징으로 쓰였다.

질 것이며 (……) 너의 폭력에서 자유로워진 이 땅 전체는 새로워지며, 구원을 얻을 것이며, 그것을 만든 이의 심판과 자비를 소망하게 될 것이다."(제4 에스라서 11:38~46)

여기에서 신화적인 독수리와 역사적인 로마 제국은 하나로 이해되며, 역사의 실체인 로마의 파멸과 하나님의 심판 역시 동일한 사건으로 이해되고 있습니다. 여기서 종말은 로마가 지배하는 세계의 끝이며, 동시에 우주적 차원에서 하나님의 심판을 뜻합니다. 이처럼 유대교 묵시 문학의 종말론은 원래 문명의 신화와 권력의 신화를 깨는 것과 관련되어 있습니다.

바울은 그리스도의 죽음과 부활을 유대 묵시 문학의 맥락에서 이해했습니다. 바울의 회심 사건이 그의 전 존재를 뒤흔들면서 개인적인 차원에서 일어났다는 데에는 의문의 여지가 없습니다. 그러나 그 사건과 관련한 바울 자신의 발언이나 그 뒤의 행적으로 볼 때 바울은 어디까지나 이 사건을 전 세계를 변화시키는 하나님의 행위와 관련해서 이해했습니다. 바울은 십자가에 달린 예수와 그의 부활 사건을 통해 하나님이 세계를 결정적으로 바꾸는 행동을 개시했다고 생각하게 되었던 것입니다.

그것이 바로 바울이 부활한 그리스도를 만남으로써 얻은 깨달음이었습니다. 지금 이 세상은 한계에 도달했으며, 세상은 바뀌고 있다는 것입니다. 옛날에 그가 몸담아 살아가던 세계, 그 세계가 작동하는 원리와 규율, 그 모든 것이 이제 실질적으로 끝난다는 것입니다.

그렇다면 바울에게서 종말론적 세계 전환은 실제로 무엇을 의미했을까요?

그리스도의 십자가에서 시작된 권력의 붕괴

바울은 로마서 8장에서 이렇게 말하고 있습니다.

> 나는 지금 우리가 겪는 고난은 장차 우리에게 나타날 영광에 견주면 아무것도 아니라고 생각합니다. 피조물은 하나님의 자녀들이 나타나기를 간절히 기다리고 있습니다. 피조물이 허무에 굴복했지만, 그것은 자의로 그렇게 된 것이 아니라 굴복하게 하신 그분이 그렇게 하신 것입니다. 그러나 소망은 남아 있습니다. 그것은 곧 피조물도 사멸의 종살이에서 해방되어, 하나님의 자녀가 누릴 영광된 자유를 얻는다는 것입니다. 우리는 모든 피조물이 이제까지 함께 신음하며 해산의 고통을 함께 겪고 있다는 것을 압니다. 뿐만 아니라 성령을 첫 열매로 받은 우리 자신도 하나님의 자녀가 되기를, 곧 우리 몸을 속량하여 주실 것을 고대하면서 속으로 신음하고 있습니다. 우리는 이 소망으로 구원을 받았습니다. 눈에 보이는 소망은 소망이 아닙니다. 보이는 것을 누가 바라겠습니까? 그러나 우리가 보이지 않는 것을 바라면, 참으면서 기다려야 합니다.(로마 8:18~25)

위의 구절에 따르면 바울이 소망했던 종말은 장차 영광 가운데 부활한 하나님의 자녀들이 나타나는 것입니다. 이는 곧 죽은 자의 부활, 몸의 부활입니다. 여기서 바울은 지금의 고난을 그러한 영광과 자유의 새 시대에 앞서 모든 피조물이 함께 겪어야 하는 종말론적 진통으로 묘사하고 있습니다(로마 8:23, 고전 15:20~28). 바울의 이러한 종말론적 언어들은 그가 집요하게 붙들고 있는 그리스도의 십자가를 통해 역사적이고 정치적인 차원에 뿌리내리게 됩니다.

바울에게서 예수 그리스도의 십자가, 곧 그리스도의 죽음은 아주 중요합니다. 바울은 고린도 전서 2장 2절에서 "예수 그리스도, 곧 십자가에 달리신 그분밖에는 아무것도 알지 않기로 작정했다."고 말합니다. 이때 바울이 말하는 십자가는 로마의 처형 방식으로서의 십자가입니다. 로마 제국의 끔찍한 처형 방법으로서 십자가형이 서슬 퍼렇게 시행되고 있는데, 그 현실을 피해서 십자가가 다른 어떤 추상적이고 관념적인 것을 의미할 수는 없었습니다.

그런데 이 십자가라는 구체적인 역사가 하나님이 주관하는 구원의 계획과 결합됩니다. 그래서 갈릴리 나사렛 출신의 청년 예수가 십자가에 달렸다고 하지 않고, "하나님의 모습을 지니신 분"이 하나님과 동등함을 당연하게 생각지 않고 종의 모습을 취해 자기를 낮추고 순종하여 십자가에 죽으셨다고 합니다(빌립 2:6~8). 또한 고린도 전서에서는 예수의 죽음이 "이 세상의 통치자들"에 의한 것이며, "영세 전"에 미리 정하신 하나님의 지혜에 따라 이루어진 일이라고 합니다(고전 2:6~8). 그리고 고린도 전서 15장 24절에서 바울은 그리스도께서 "모든 통치자와 권위와 권력을 폐하시고 그 나라를 하나님 아버지께 바치실 것입니다."라고 말합니다.

신화적인 언어와 역사적인 언어가 섞여 있는 이 구절들에서 멸망하게 될 "모든 통치자와 권위와 권력"(고전 15:24), "이 세상의 통치자들"(고전 2:8)은 현실 권력, 즉 로마와 거기 빌붙은 식민지 지배 세력을 떠나서는 이해할 수 없습니다. 바울의 이러한 언어들은 그가 자신의 시대를 악한 통치자들의 지배 아래 있는 것으로 이해했음을 보여 줍니다.

이렇게 현재의 삶을 악한 지배 권력 아래 고통받는 것으로 이해하고, 악한 지배 권력의 멸망과 세계의 전환을 기다리는 것은 유대 묵시 문학의 기본 양식을 되풀이하는 것입니다. 이 점에서 바울의 종말론적 기대는 권력을 불신하는 유대 묵시 문학 전통의 맥락 안에 있습니다. 바울은 권력의 복원이 아니라 권력의 멸망을 말하기 때문입니다.

이 모든 것은 바울이 예수의 십자가 죽음을 하나님과 지배 권력 사이의 우주적인 투쟁이 일어나는 결정적인 사건으로 생각했음을 말해 줍니다. 바울은 그리스도의 십자가에서 악한 권력, 곧 로마 체제가 붕괴하기 시작하는 것을 보았습니다. 십자가는 권력이 세계를 건설하는 원리인 폭력과 파괴를 온 세상이 알

〈최후의 심판〉 일부

슈테판 로흐너, 1435년

종말의 때에 지옥으로 끌려가는 이들이 신분을 암시하는 모자를 쓰고 있다.
이들은 교황, 사제, 왕, 귀족이다. 묵시 문학은 지상에서 권세를 누리는 이들의
힘과 오만을 경고하고 비판한다. 종말이란 지상의 온갖 권력과 가치 체계의
붕괴를 뜻하며, 바울의 십자가 이해는 이러한 묵시 문학의 전통과 연결된다.

수 있게 폭로했습니다. 그리고 그는 부활의 빛에서 그리스도의 십자가와 죽음을 보았기 때문에 가까운 미래에 권력이 멸망하고 하나님의 승리가 완성될 것을 기대할 수 있었습니다. 부활의 빛에서 하나님의 구원 행위로 십자가를 이해했기 때문에, 그리스도의 죽음은 유대 변방에서 일어난 한 청년의 안타까운 죽음에 머무르지 않고 보편적인 차원을 얻을 수 있었습니다.

회심 이후 바울의 삶이 바뀐 것은 그리스도의 십자가에서 권력의 종말, 세계 전환을 인식한 데 따른 당연한 결과였습니다. 세상이 바뀌고 그 안의 모든 것이 한계에 다다랐으니, 이전에 삶을 지배했던 원리들은 더 이상 쓸모가 없습니다. 그는 이전에 자신에게 이롭던 것들을 그리스도 때문에 모두 해로운 것으로 여기게 되었습니다. 그는 이렇게 말합니다. "나는 그리스도 때문에 모든 것을 잃었고, 그것들을 오물(쓰레기)로 여깁니다"(빌립 3:8). 바울의 이 같은 경험을 굳이 비유한다면 수운 최제우의 경험과 비슷하다고 할 수 있을 것입니다.

몰락 양반이었던 최제우는 한울님을 모시게 된 자신의 신비로운 체험을 기점으로 세상이 객관적으로 변했다고 인식하고, 그 이전을 선천(先天), 그 뒤를 후천(後天)이라 했습니다. 선천의 원리는 효력을 다하였고, 신분 차별과 약육강식의 원리는 이제 힘을 잃었습니다. 그러므로 이제부터는 새 시대인 후천개벽의 원리에 따라 살아야 합니다. 실제로 그는 자신에게 있던 여종 둘을 하나는 며느리로, 하나는 수양딸로 삼았습니다 그 뒤로 그의 삶은 시련의 연속이었습니다.

마찬가지로 바울의 삶이 얼마나 고달팠는지는 말할 필요조
차 없습니다. 그러나 동시에 그것은 기쁨이 넘치는 삶이었습니
다(빌립 4:4). 왜냐하면 그는 아직 오지 않은 새로운 세계의 현실
을 지금 여기서 앞당겨 살았기 때문입니다. 그에게 믿음은 바라
는 것들의 확신이요, 보이지 않는 것들의 증거였고(히브 11:1),
그는 바로 그 믿음 안에서 살아갔기 때문입니다.

보편 종교를 향하여 *13*

시골에서 활동한 예수, 도시에서 활동한 바울

바울의 신학은 예수 운동과는 본질적으로 다른 상황에서 형성되었습니다. 민중과 함께 일으킨 하나님 나라 운동인 예수 운동은 갈릴리 농촌을 중심으로 이루어졌으며, 민중 해방의 역동성을 지녔습니다. 예수는 어느 지역에 정착해서 교회를 세우려고 하지 않았습니다. 예수는 갈릴리 촌락들을 돌아다니며 하나님 나라 운동을 펼치던 떠돌이 설교가이자 귀신 축출자, 병을 고치는 자였습니다.

역사적으로 보면 예수 자신은 오늘날과 같은 교회를 설립하지 않았고, 단지 그 시작이 되는 사건들을 일으켰을 뿐입니다. 예수는 다가온 하나님 나라 앞에서 과거의 윤리나 가치 체계가 완전히 뒤바뀌게 된다고 선포했습니다. 그에 따라 지금까지의 행동을 회개하고 결단을 내려 하나님의 뜻에 맞는 새로운 삶을 살라고 권유했습니다. 하나님 나라 운동을 하는 새로운 공동체에 속하라고 권유했습니다. 아버지의 장례도 지내지 말고, 그물 깁던 것도 그대로 놓은 채 급박하게 하나님 나라 운동에 동참하라고 권유했습니다.

이처럼 예수가 팔레스타인의 농촌 마을들을 떠돌아다니며 하나님 나라 운동에 동참하라고 촉구했다면, 바울은 로마의 도시들을 중심으로 일정한 직업을 가지고 정착해 사는 사람들에게 복음을 전파했습니다. 예수의 선포와 활동의 중심이 하나님 나라였다면, 바울의 선포와 활동의 중심은 예수였습니다. 아마도 그는 교회의 삶의 모범을 예수의 공동체 갱신 운동에서 발견했을 것입니다. 갓 태어난 어린 아기와도 같은 교회를 키우고 보살피는 것이 바울의 중요한 임무였습니다. 따라서 그에게서는 이러한 현실적인 자신의 임무에 대한 인식과 예수의 해방 선언에 대한 인식 사이에 긴장이 나타나며, 달라진 상황에서 예수 운동의 기본 정신을 실현하고자 하는 고투의 흔적이 나타납니다.

디아스포라 유대인 출신*이던 바울은 회심 후 주로 시리아와 소아시아, 유럽의 대도시에서 선교 활동을 벌였습니다. 그의 선교 활동은 차차 성공을 거두었고, 불가피하게 유대교 당국과 대결하게 되었습니다. 그때 유대교의 종교적 권위는 예루살렘의 부패한 사제 권력과 모세 율법을 일상생활의 모든 영역에 확대

* 디아스포라는 민족의 흩어짐을 말한다. 다른 여러 지역으로 흩어진 유대인들은 팔레스타인 지역에 거주하는 유대인들에 견주어 이방 문화의 영향을 많이 받았다. 바울의 경우에는 그리스·로마 문화의 영향을 받았으며, 그 문화를 잘 알았다.

적용했던 바리새파 율법학자들이 대표하고 있었습니다. 이들은 둘 다 유대 민중의 종교적 욕구를 만족시키지 못했고, 대중적인 지지를 받지도 못했습니다. 그리하여 팔레스타인에서는 다양한 종교 운동이 활발하게 벌어졌습니다. 세례 요한의 세례 운동, 예수의 하나님 나라 운동, 예수 사후의 예수 운동이 그러한 예들입니다.

바울 시대에 예루살렘 교회는 예수를 그리스도라고 고백하는 유대교 내의 작은 종파로 머물러 있었습니다. 예수를 그리스도라고 고백하는 메시아 신앙은 원칙적으로 유대교 신앙과 충돌하는 것이 아니었습니다. 메시아 신앙은 본래 유대교 안에 있었습니다. 예수 말고도 수많은 사람들이 자칭 타칭 메시아로 등장했으며, 예수도 그중 하나로 이해될 수 있었습니다. 예수를 그리스도로 고백하는 것은 유대 독립 전쟁 이전, 즉 70년 이전 유대교에서 용인할 수 있었습니다. 예루살렘 교회는 이 안에 머물러 있었던 셈입니다.

보편 종교를 향하여

그러나 바울은 이방인들을 대상으로 선교하는 과정에서 할례(남자의 성기 끝 살가죽을 잘라 내는 풍습) 문제에 맞닥뜨리게 됩니다. 예루살렘 교회는 초대 기독교 공동체에 속하고자 하는 사람들에게 율법을 지킬 것을 요구했고, 거기에는 당연히 할례도 포함되었습니다. 그러나 성인 남자 이방인에게 할례를 요구하는 것은 엄청난 부담이 되었습니다. 바울은 이 문제에 직면하여 구원에서 율법의 기능에 도전하게 됩니다. 그는 율법이 아니라 믿음에 의해 의로움을 인정받는다는 인의론(認義論)을 전개합니다. 인의론은 이방 선교 과정에서 벌어진 유대교와의 투쟁에서 생겨난 산물입니다. 이방 선교사로서 바울이 부딪혔던 이러한 실질적인 문제가 그에게 구원에서 율법의 기능이라는 문제를 깊이 성찰하게 한 계기가 된 것입니다.

그러나 바울의 신학적 사고는 단순한 선교를 위한 전략이나 목회 차원을 넘어섭니다. 이 점은 율법 문제뿐만 아니라 바울이 세운 교회에서 제기되는 구체적인 윤리 문제들에 답하는 데서도 드러납니다. 구체적인 상황을 전제로 한 윤리적 질문들에 바울은 분명하고 실질적인 답변을 줍니다. 그러면서도 그의 답변은 실천 윤리의 차원을 뛰어넘어 보편적인 신학적 사유로 넘어갑니다. 그래서 바울의 편지들은 구체적인 신앙생활을 지도하고 돌보는 과정에서 나온 것이면서도 보편적인 신학적 사유로 넘어가는 단서들을 포함하고 있습니다.

예를 들어 바울이 이방 선교의 현장에서 부딪힌 율법과의 갈등은 인의론이라는 신학적 가르침으로 발전했으며, 고린도(코린토스) 교회에서 펼쳐진 적대자들과의 논쟁은 십자가의 신학을 발전시키는 계기가 되었습니다. 이 밖에도 그의 답변은 흔히 심오한 신학에 기반한 윤리를 발전시키는 계기가 되었습니다. 이러한 일련의 작업 끝에 드디어 바울은 자신이 원하지는 않았어도 유대교에서 벗어난 새로운 종교의 토대를 마련하게 됩니다.

　바울은 부족 종교의 한계를 넘어서지 못했던 당시 종교 세계에서 인종·성·계급 등 모든 인간적 차별의 한계를 넘어서는 보편 종교의 가능성을 열어 주었습니다. 인의론은 구원 사건에서 율법의 효력을 정지시킵니다. 또한 하나님 앞에서 인간이 내세울 수 있는 모든 것의 효력을 정지시킵니다. 하나님 앞에 인간은 빈손으로, 맨몸으로 서야 한다는 것입니다. 유대인이라는 특권도, 남자·성인·부자·지식이라는 특권도 아무 소용이 없습니다. 기존 사회에서 차별을 일으키는 모든 특권이 하나님 앞에서 무효가 됩니다. 율법과 그로 말미암은 모든 특권에 대한 바울의 무효 선언은 그 시대의 대중에게 커다란 해방감을 안겨 주는 평등의 소식이었습니다.

14 바울 이후, '하나님의 집'

평등과 협동의 삶으로 성장한 초기 기독교

맨 처음 기독교가 탄생했을 때, 이 새로운 종교는 아무런 법적 보호도 받을 수 없었습니다. 유사시에는 사회적 불안이나 위기의 원인을 기독교인들에게 돌려 걸핏하면 사회적 속죄양으로 박해받을 수 있는 위치에 있었습니다. 오늘날에는 기독교인이라는 점이 사회적으로 아무런 위험 부담을 주지 않습니다. 그렇지만 당시 기독교인들은 사회적 손해를 감수해야만 했습니다. 초대 기독교는 오랫동안 사회적으로 인정받지 못하는 소종파로, 요즘 말로 하면 사이비 종교로 천시받았습니다. 더욱이 기독교는 로마 제국이 반란범으로 지목해 십자가형을 받은 예수를 따르는 무리의 종교였습니다.

이런 종교가 로마 제국의 국가적 종교가 되었다는 사실은 실로 역사의 아이러니입니다. 무엇이 초대 기독교를 로마 제국의 종교로 만들었을까요? 아니, 사람들은 무엇 때문에 크나큰 박해를 무릅쓰고 초대 기독교로 끊임없이 흘러들어 왔을까요?

학자들은 여러 가지 이유를 댑니다. 당시 신약 성서의 언어는 쉽고 대중적인 그리스어였는데, 이것은 로마 제국의 언어이기도 해서 기독교가 제국 전역에 전파될 수 있는 중요한 요인이 되었다고 합니다. 또 군인이나 상인들이 초대 기독교의 주요 구성원이었는데, 이들이 직업적으로 여행을 많이 다니면서 그리스도의 소식을 입에서 입으로 전파했기 때문에 그랬다고도 합니다. 그러나 이 모든 것은 부차적인 요인일 뿐입니다.

가장 중요한 것은 역시 초대 기독교의 가르침이 목자 잃은 양과도 같이 사정이 딱하고 몹시 지친 많은 사람들의 마음을 얻었기 때문입니다. 그리고 초대 기독교가 사람들의 마음을 얻을 수 있었던 가장 중요한 이유는 그리스도 안에서 누구나 평등하다는 메시지를 전하고, 실제 삶에서 구호와 협동의 조직을 가졌기 때문입니다.

평등한 공동체의 이상과 제국의 질서 사이의 갈등

예수 운동과 바울의 초기 기독교 운동은 제국의 지배와 통치 방식을 미화하는 온갖 선전 구호에 말려들지 않고 현실에서 벌어지는 차별과 그로 인한 고통을 마주 보았습니다. 그렇다면 이러한 예수의 노력과 바울의 투쟁은 교회의 삶에서 구체적으로 어떻게 이어졌을까요?

이것은 한마디로 규정할 수 없는 복잡한 현상이었습니다. 왜냐하면 오늘날 교회가 각양각색이듯 과거 초대 교회 안에서도 예수와 바울에 대한 다양한 해석과 실천이 있었기 때문입니다. 그럼에도 여기서는 1세기 말 초대 교회가 바울이 애써 지키고자 했던 평등의 가치를 어떻게 지켜 냈으며, 또 어떻게 잃어버렸는지 살펴보려고 합니다. 이와 관련해서 교회가 자신을 세상의 나그네들을 받아들이는 '하나님의 집'으로 이해했다는 것과, 바로 그 하나님의 집이 로마 제국의 가치관과 위계질서의 영향을 받아 어떻게 변질되었는지 살펴보겠습니다.

초대 기독교 공동체는 계급·인종·성을 차별하는 철저한 위계 사회였던 로마 제국 안에서, 남녀가 함께 교회 생활을 하고 노예들까지 '형제'라고 불렀습니다. 로마 당국의 눈에 이들은 매우 무질서한 집단으로 비쳤습니다. 게다가 그 무렵에는 동방의 미신적인 종교나 마술이 로마 사회로 급격히 흘러들었는데, 그런 종교들에서는 유난히 여성 예언자들이나 마술사들의 활동이 활발했습니다. 따라서 교회 지도자들로서는 기독교도 그런 미신이 아닌가 하는 의심을 불식해야 했습니다. 말하자면 초대 기독교는 예수의 복음에서 유래하는 평등한 삶과 로마 제국의 위계 질서 사이에서 오는 긴장과 갈등을 감당하고 돌파해 나가야 했습니다. 동시에 새로운 기독교적 삶의 형태를 이루어 가야 했습니다.

그러므로 사회의 위협과 도전에 초대 기독교가 얼마나 긴장 상태를 유지하면서 자신의 정체성을 지키느냐가 관건이 되었다고 할 수 있을 것입니다. 즉 한편으로는 제도권 내에서 하나의 확고한 조직으로서 존속해야 한다는 요구와 다른 한편으로는 예수 운동의 계승자로서 기독교의 본래 정체성을 유지해야 한다는 요구 사이에서 어떻게 중심을 잡느냐가 문제였습니다.

초대 교회는 세상의 나그네들과 가난한 사람들을 누구나 받아들이는 '하나님의 집' 역할을 했습니다. 그러는 한편 로마 사회의 위계질서와 가부장 질서를 교회 안에 받아들이기도 했습니다. 대체로 바울에게서는 아직 복음과 현실 상황의 갈등이 낳는 긴장이 살아 있었고, 적대적인 세계에서 예수 운동의 계승자로서 살아야 한다는 자의식이 그를 지배했습니다.

그러나 1세기 말 이후의 교회, 이를테면 디모데 전·후서나 디도서, 에베소서, 골로새서, 베드로 전서, 베드로 후서 등에 나타나는 교회의 모습에서는 이 긴장이 점점 사라져가는 것으로 보입니다. 여성이나 노예와 관련한 이 편지들의 발언은 복음이 로마 제국의 지배적인 사회 이념과 가부장 질서에 삼켜져 버렸다는 인상을 씻어 내기 어렵습니다. 이러한 보수화 경향은 313년 로마 제국에서 기독교가 공인된 이후 결정적으로 고착되는 과정을 겪습니다.

초대 기독교가 수많은 민중의 열렬한 지지를 받으며 성장할 수 있었던 핵심적인 이유는 바로 평등하고 이상적인 사회를 지향하기 때문이었습니다. 교회가 그 지향점을 잃어버린다면, 더는 교회라고 할 수 없습니다. 세상의 빛으로서 교회의 존재 이유가 사라져 버립니다. 그런 교회는 제도권 내의 수많은 사회 조직 가운데 하나에 불과할 뿐입니다.

사실 세상 한가운데 존재하는 오늘의 교회도 1세기 말 초대 교회가 당면했던 것과 똑같은 도전과 과제에 직면해 있습니다. 오늘의 교회는 성공과 실패의 명암을 지닌 초대 교회의 고투에 비추어 끊임없이 자신을 성찰하라는 도전과 요구 앞에 놓여 있습니다.

나그네 접대, 관심과 우정의 실천

바울 이후 초대 교회는 세상의 나그네들을 맞아들이는 '하나님의 집'으로 교회를 형성해 갔습니다. 신약 성서를 보면 초대 기독교인들이 자신들을 지칭할 때 자주 사용한 단어가 '나그네'(paroikoi, xenoi, 외국인, 떠돌이)입니다. 이것은 구약 성서에서 이스라엘을 묘사할 때 사용한 단어이기도 합니다. 이스라엘도 한때 이집트에서 나그네였습니다(신명 23:8). 이스라엘의 떠돌이 삶을 나타내는 데 사용되었던 단어들이 신약 성서에서 기독교인들의 삶의 모습과 기독교인 집단의 사회적 성격을 나타내는 데 사용된 것입니다(사도 7:6,29, 에베 2:19, 베전 2:11, 누가 24:18, 히브 11:9, 사도 13:17, 베전 1:17).

어쩌면 이것은 초대 기독교인들의 실제 사회적 지위를 나타내는 것일 수도 있습니다. 또한 소종파인 초대 기독교인들이 외부인들의 눈에 비친 자신들의 모습을 볼 때 가장 먼저 느낀 것이 낯설고 적대적인 시선이었기 때문에 생겨난 표현일 수도 있습니다. 초대 기독교인들은 세계 안에서 낯선 자로, 외국인으로 스스로를 인식했던 것입니다. 그들의 세상살이는 마치 나그네가 산 설고 물 설은 이국땅에서 살아가는 것과도 같았습니다.

초대 기독교인들은 여기서 더 나아갔습니다. 그들은 나그네라는 자신의 특징을 단지 수동적으로 받아들이기만 한 것이 아니라 적극적으로 강화해 나갔습니다. 그들은 스스로를 떠돌이 나그네로 생각했던 구약 성서 이스라엘의 전통을 자신들이 물려받았다고 주장했습니다. 구약 성서에는 한때 떠돌아다니는 나그네로 살았던 것을 잊지 말라는 말(신명 26:5)이 거듭 나옵니다. 초대 교회는 나그네로서 이스라엘 민족의 과거를 자신들의 역사로 받아들였습니다. 구약 성서에서 나그네와 외국인들을 잘 접대하라고 거듭 권하고 격려했듯이(레위 19:34, 25:35, 민수 35:15, 신명 10:18~19), 초대 교회도 외국인들이나 나그네들을 교회 안에 받아들이고 접대해야 한다고 했습니다(로마 12:13, 16:2, 빌레 1:22, 디전 3:2, 5:10, 디도 1:8). 너희가 나그네였으니 나그네를 홀대하지 말라는 것입니다.

그리하여 세계 안에서 낯선 존재라는 기독교인의 자기 인식은 나그네와 외국인에 대한 접대라는 기독교 윤리로 연결되었습니다. 이것은 냉혹한 로마 제국의 질서 속에서 우정과 환대에 근거한 새로운 질서를 세우기 위한 윤리적 기초가 되었습니다.

이미 복음서들에서도 예수는 나그네와 외국인들에 대한 무

조건적인 사랑이 이웃 사랑의 구체적인 실천이라고 가르쳤습니다. 누가복음서 10장 25~37절의 사마리아인 이야기도 그렇게 이해할 수 있습니다. 또한 마태복음서 25장에 따르면, 최후의 심판 때 가장 중요한 심판의 기준이 외국인 또는 나그네를 접대했느냐는 것입니다.

여기서 중요한 것은 어째서 나그네 접대가 심판의 기준이 되어야 하는가에 대한 이유입니다. 예수는 자신이 나그네이기 때문에 나그네를 잘 접대해야 한다고 합니다. 마태복음 25장에 나오는 예수의 가르침을 요약하면 이런 뜻입니다. '나 자신이 낯선 자이며, 나그네이다. 그러므로 나그네에 대한 사랑을 통해 나에 대한 너희의 사랑을 보여라.' 여기서 예수가 자신과 동일시하는 나그네는 바깥세상에서 온 기독교인만이 아니라 그냥 일반적인 의미에서 외국인을 가리킵니다. 낯선 자, 아니 낯선 자 중에서도 가장 낯선 자를 통해 예수 자신이 사랑받으며, 이를 기준으로 구원이냐 심판이냐가 결정된다는 것입니다.

이러한 나그네, 외국인 접대는 초대 교회에서 선교의 지원망으로도 무척 중요했습니다. 예수 사후의 초기 예수 운동에서는 방랑하는 카리스마적 예언자들이 중요한 활동을 했는데, 이에 못지않게 중요했던 것이 그들을 지원하는 시골 마을의 후원자들이었습니다. 예언자들의 하나님 나라 운동은 물질적으로 갈릴리와 시리아 주민들의 지원에 의존했습니다. 그들은 오로지 형제들의 접대를 통해서만 생존할 수 있었습니다. 아마도 이것은 나그네 접대에 대한 기독교적 교훈이 초대 기독교의 선교에 적극 활용된 것이라고 말할 수 있을 것입니다(마태 10:11 이하, 누가 10:5 이하).

나그네 접대는 나중에 큰 교회들에서 나그네를 위한 상설 숙소(hospitalia)를 설립하는 것으로 이어졌습니다. 거기에서는 나그네는 물론이고 병자들도 돌보았습니다. 병자를 돌보는 일이 점차 중요해지면서 숙소가 병원(hospital)이 되었습니다. 초대 교회 선교의 지원 체계로서 나그네 접대가 꾸준히 발전하고 제도화하여 조직이 생겨난 것입니다. 이렇게 나그네 접대는 일차적으로는 기독교 공동체 내부의 형제들, 이차적으로는 도움을 필요로 하는 교회 밖의 사람들로 확대되었습니다.

초대 교회의 이러한 나그네 접대는 무엇보다도 형제애, 즉 서로에게 기울이는 관심과 우정의 구체적인 표현이었습니다. 스스로를 나그네이자 외국인이라고 여겼던 구약 성서의 이스라엘은 하나님의 백성으로 받아들여졌다는 믿음을 바탕으로 바깥세상과의 불화를 극복하고자 했습니다. 마찬가지로 초대 교회 역시 하나님의 가정에 받아들여졌다는 내적 확신으로 세상의 소외를 극복하고자 했습니다. 그것은 교회라는 조직을 통해 더욱 강화되었습니다.

교회는 나그네들의 공동체이면서 동시에 하나님의 가정이었습니다(디전 3:14, 벧전 4:17, 에베 2:19). 기독교적 형제 사랑의 의무에는 한계가 없고, 나그네 접대 또한 초대 교회의 윤리적 강령

나그네 접대

나그네 접대란 사회에서 낙오되거나 소외된 사람 또는 힘든 처지에 놓인
약자를 받아들이고 그들에게 베푸는 것이다. 이는 하나님의 자비를 내 몸으로
실천하는 행위다. 예수는 "지극히 보잘것없는 사람"에게 베풀라고 했으며,
초대 기독교는 이를 실천했다.

의 근본 요소가 되었습니다. 교회는 세상 안에서 나그네로서 세상의 다른 나그네들을 자기 안에 받아들였습니다. 아마도 이러한 인식이 우정과 환대를 낳고 누구에게나 열려 있는 평등한 공동체로서 초대 교회의 밑바탕이 되었을 것입니다.

교회의 가부장주의화

예수와 바울, 초대 교회의 알려지지 않은 수많은 영웅이 만들어 간 복음의 전통은 로마 제국이라는 엄혹한 상황 속에서 힘겨운 싸움을 벌이며 이루어진 것입니다. 또한 그들도 우리와 마찬가지로 성공하기도 하고 실패하기도 했습니다. 앞서 말한 나그네로서 기독교인의 자의식, 그리고 나그네 접대를 기독교인의 근본 태도로 실천한 것이 그들이 만들어 간 복음의 진수라고 할 수 있습니다. 그러나 오랜 기간 복잡한 상황에 대응하면서 평등한 공동체의 우정과 환대의 전통이 훼손되기도 했습니다. 여기서는 그러한 변질의 과정도 살펴보려 합니다. 그래야 우리는 그들의 실패에서 배울 수 있기 때문입니다.

1세기 초 로마 제국의 식민지였던 갈릴리 땅에서 청년 예수가 비범한 상상력으로 새로운 공동체와 새로운 삶에 대한 전망을 보여 주었습니다. 이후 이 전망은 초대 교회에 속한 사람들에게 산 위의 등불처럼 빛났습니다. 신약 성서의 여러 문서, 특히 바울의 편지를 비롯한 여러 편지는 예수가 제시한 이상을 각 도시의 공동체들이 어떻게 실천해 가려고 노력했는지 보여 줍니다. 여러 편지를 보면 로마 제국의 각 도시들에서 초기 교회의 형태는 '가정 교회'였다는 것을 알 수 있습니다. 이것은 1세기 말에 쓰인 사도행전에도 잘 나타납니다(사도 1:13, 2:46, 5:42, 12:12). 가장이 믿으면 온 집안이 함께 세례를 받고 교회 공동체에 속하게 되었습니다.

그런데 교회의 기본 단위가 가정이었다는 사실에는 단순히 예배 장소가 가정이라는 수준을 넘어서 다양한 의미가 함축되어 있습니다. 한편으로 그것은 교회가 가정이라는 기본적인 세포 조직에 관심을 기울여야 했다는 것을 뜻합니다. 그러나 다른 한편으로는 가정의 위계질서가 교회에 스며들 수밖에 없었다는 것을 뜻합니다. 말하자면 교회와 가정은 양방향에서 서로 영향을 주고받았습니다. 이는 가정생활에 대한 교회의 윤리적 지침이 형성된 이유와 교회 조직의 가부장주의화 현상을 설명해 줍니다. 또한 예수의 복음을 실천하는 것과 나란히 어떻게 교회의 비복음화 과정이 진행되었는지를 말해 주기도 합니다.

초기 교회의 형태는 일반적으로 가정 교회였습니다. 이때 가정은 오늘날과 같은 핵가족이 아닙니다. 혈연적인 가족을 넘어서 노예와 사업적 후원자 관계에 있는 '친구'(amicia)까지 포함하는 큰 가족이었습니다. 영어에서 가정을 뜻하는 family라는 말의 어원은 라틴어 famulus인데, 이 말이 본래 '가내 노예'를 뜻한다는 데서도 당시 가정이 지금과는 달리 범위가 넓은 개념이었다는 것을 알 수 있습니다. 따라서 가정이라는 개념 자체가 가장과 여주인, 자녀뿐만 아니라 노예와 소작인까지 포함하는 집단이었고, 계급적으로 다양성을 띠었습니다.

제일 처음 생긴 교회에서는 전통적인 가정의 위계질서에 관심이 없었던 것 같습니다. 예수 자신은 해체된 가정을 복원하는데 관심을 기울이면서도 전통적인 가족을 넘어서는 측면이 있었습니다(마태 8:21~22, 10:37, 19:12, 누가 9:59~60, 61~62, 12:49~53, 14:26). 앞서 언급한 갈라디아서 3장 28절에서 바울이 인용한 세례 고백문에서는 위계질서가 극적으로 부정되기까지 했기 때문입니다(218쪽 참조).

그러나 1세기 말 여러 기독교 저자들은 그 시대의 가치 규범을 받아들여서 기독교인 가정 구성원들의 위계질서를 담은 여러 의무를 정하기 시작했습니다(에베소서, 골로새서, 베드로 전서, 목회 서신). 이러한 가정 규율들이 바울 집단에서 나왔다는 사실은 꽤 흥미롭습니다. 그 이유는 아마도 여성과 노예의 자유에 대한 바울의 극적인 선포가 후속 교회들에서는 중대한 마찰을 일으켰기 때문일 것입니다.

바울 자신도 고린도 교회 같은 곳에서는 복음이 여성을 자유분방하게 하는 것을 불편하게 느꼈던 듯합니다. 왜냐하면 고린도 전서 11장 2~16절에 바울의 편지 중에서는 유일하게 남성 중심의 위계질서가 나타나기 때문입니다. 거기에서 바울은 '여자의 머리는 남자이고, 남자의 머리는 그리스도이며, 그리스도의 머리는 하나님'이라는 기독교적 위계질서를 선언하고 있습니다. 나아가 고린도 전서 12장 13절에서 바울은 갈라디아서 3장 28절과 같은 전통적인 세례 고백문을 언급할 때 그리스도 안에서 남녀의 하나 됨에 대해서는 생략하기까지 했습니다. 이것은 분명히 그리스도 안에서 남자나 여자나 하나라는 복음의 자유 선포가 세상 한가운데서 살아가는 공동체 구성원들에게 심각한 문제가 되었다는 사실을 말해 줍니다.

그럼에도 바울은 그가 직면한 복음의 종말론적인 자유 선포와 교회의 통일성이라는 과제 앞에서 결코 둘 사이의 긴장을 잃지 않으면서 문제를 해결하려고 노력했습니다. 비록 바울 스스로 당시 가부장적 사회의 편견을 드러낸 적도 있지만, 동시에 "남자 없이 여자가 있을 수 없고 여자 없이 남자가 있을 수 없다."(고전 11:11)고 말하고 있기 때문입니다. 중요한 것은 바울이 가부장주의적인 편견이 있느냐 없느냐가 아니라, 그가 믿은 복음을 통해 자신의 편견을 어떻게 극복해 내고 있느냐입니다. 복음과 상황의 상호 도전과 응전 속에서 그는 결코 가부장적 상황 속으로 먹혀 들어가지 않을 수 있었습니다. 그럴 수 있었던 이유는 그가 페미니스트여서가 아니라 예수의 종말론적 구원 선포를 끝까지 붙잡고 있었기 때문입니다.

남편은 아내의 머리?

그러나 후기 편지(디모데 전·후서, 디도서, 에베소서, 골로새서)로 가면 상황이 달라집니다. 거기서는 복음의 해방 선포에 근거하여 교회 내 남녀의 문제에 응답하기보다는 일반적인 가정 규율에 따라 문제를 해결하고자 했습니다. 우리 사회에 비유하자면 유교의 전통적인 남녀 관계 규정에 근거해서 교회의 지침을 세우는 것과 마찬가지라고 할 수 있습니다. 가정은 동서양을 막론하고 국가, 나아가서는 우주의 기본 단위라고 여겨졌습니다. 그리고 그 안에서 주인과 노예, 남편과 아내, 아버지와 자녀들 사이의 관계를 규정하고 윤리적 지침을 내리는 전통이 있습니다. 이러한 전통의 기본 전제는 가정 내 위계질서를 인정하는 것입니다.

가정 내 규율이라는 주제는 1세기에 상당히 대중적으로 논의되었습니다. 그때의 유명한 철학자치고 이 문제를 언급하지 않고 그냥 넘어간 사람이 없을 정도입니다. 따라서 골로새서나 에베소서, 목회 서신(디모데 전·후서, 디도서)에 나타나는 기독교적인 가정 규율은 이 문제에 대한 기독교의 대응이라고 볼 수 있습니다. 이 규율들은 대부분 가정 내 위계질서와 관련한 당시 사회의 통념을 그대로 답습하고 있습니다. 거기서는 바울처럼 통념이 지양되는 차원을 찾아보기 힘듭니다. 이들은 철저한 위계질서 안에서 가정 내 각 성원들의 의무를 규정했습니다.

예를 들어 결혼식 주례사에서 가장 많이 인용되는 에베소서의 가정 규율(에베 5:22~33)은 전통적인 가정 내의 세 가지 관계(부부 관계, 부모와 자식 관계, 주인과 노예 관계)를 모두 말하기는 하지만, 부부 관계에 가장 큰 비중을 둡니다. 여기서는 부부 관계를 그리스도와 교회의 관계에 견주고 있습니다. 그리스도가 교회의 머리인 것처럼 남편은 아내의 머리이니(5:23), 아내는 교회가 그리스도께 순종하는 것처럼 모든 일에서 남편에게 순종하라는 것입니다(5:22). 남편들에게 하는 말도 있습니다. 남편들은 그리스도께서 교회를 사랑해서 자기를 내주신 것처럼 아내를 사랑하라고 합니다. 그리스도가 교회를 거룩하게 하고 흠 없게 하는 것처럼 남편들도 아내를 자기 몸처럼 사랑해야 한다는 것입니다(에베 5:25~28).

여기서는 그리스도와 교회의 관계를 남편과 아내 관계의 모범으로 제시합니다. 즉 남편은 그리스도의 위치에, 아내는 교회의 위치에 두고 있습니다. 따라서 아내에게 요구되는 윤리적인 덕목은 '순종'인 반면, 남편에게 요구되는 덕목은 '사랑'입니다. 교회는 그리스도에게 순종하고 그리스도는 교회를 사랑하듯이, 아내는 남편에게 순종하고 남편은 아내를 사랑하라는 것입니다. 그리스도와 교회의 역할이 남편과 아내의 역할로 정확히 이전된 것입니다.

그러나 정말로 그럴까요? 그리스도가 교회를 사랑하듯이 남편이 아내를 사랑할 수 있을까요? 이 경우 남편과 아내에게 각기 다르게 요구된 두 덕목은 현실 생활에서 남녀의 불평등한 관계를 반영하는 것일 뿐입니다. 따라서 사실은 남편과 아내의 불평등한 관계를 그리스도와 교회의 관계에 대한 신학적 개념을 통해 정당화하고, 더욱 확고하게 하는 것에 지나지 않습니다.

예수와 함께하는 남성, 시중드는 여성

남성은 예수와 만찬을 하고, 여성은 식탁 밑에서 음식을 시중드는 모습으로
그려져 있다. 바울의 제자들이 남녀 차별을 신학적으로 정당화하면서,
초기 기독교의 건강함이 변질되고 여성은 교회에서도 밀려났다.

그리스도와 교회의 관계를 인간 남녀 사이의 관계와 어색하게 비교한 이 시도는 복음의 해방 전통을 주도면밀하게 변경한 것입니다. 에베소서의 저자는 그가 직면한 상황에서 신앙보다는 두려움에 근거해서 행동한 듯합니다. 하나님이 그리스도 안에서 시작된 구원을 곧 완성하고, 인간 사회의 구조를 심판하시리라는 바울의 종말론적인 기대는 포기되었습니다. 대신 교회를 사회 내의 한 제도로 파악하면서, 바울의 신학에서 멀어지는 걸음을 내딛은 것입니다. 결국 에베소서의 저자에게서는 하나님 나라의 주인이 되어야 한다는 관심이 로마 제국의 존경받는 시민이 되어야 한다는 관심 뒷전으로 밀려나고 말았습니다. 그 과정에서 복음의 종말론적인 구원 선포가 남녀 차별적이고 계급 차별적인 상황에 먹혀 버린 것입니다.

물론 이러한 복음과 상황 사이의 긴장과 갈등을 획일화해서 말할 수는 없습니다. 어느 시대 어느 장소의 기독교건 성공과 실패의 명암이 있으며, 그 긴장은 오늘날까지 이어지고 있습니다. 그러므로 우리 시대의 교회도 같은 싸움을 이어 나가야 할 것입니다.

신약 성서의 형성 *15*

신약 성서 27권이 정식으로 인정받아 지금 우리가 보고 있는 형
태로 확정된 것은 기원후 393년 북아프리카의 히포 공의회에서
였습니다. 그리고 397년 카르타고 공의회에서 그것을 공포했습
니다. 그러니까 신약 성서는 예수 탄생 후 거의 400년이라는 세
월이 걸려 정해졌습니다. 그러나 이것도 정확히 말하면 서방 교
회의 이야기이고, 동방 교회에서는 10세기 이후에야 겨우 이루
어졌습니다.

신약 성서의 각 문서들이 쓰인 것은 기원후 1세기 전반부터
2세기 전반까지입니다. 2세기 말에는 현재의 27권 가운데 22권
이 정경(공식적으로 인정하는 경전)의 권위를 인정받았습니다. 또
한 이 무렵이 되면 옛 계약의 책인 구약 성서에 대해 새로운 계
약의 책이라는 의미에서 신약 성서라는 말도 나타납니다. 그렇
다면 신약 성서가 지금과 같은 모습으로 대체적인 윤곽이 잡힌
것은 2세기 말께라고 할 수 있습니다.

그런데 기독교 역사와 관련해서 보면 2세기 말은 아직 기독교가 확립되는 과정에 있던 시기입니다. 하나의 종교로서 기독교가 확립된 것은 313년 콘스탄티누스(274~337) 황제가 기독교를 공인한 때라고 볼 수 있습니다. 4~5세기를 로마 가톨릭 체제가 확립된 시기라고 본다면, 이것은 앞서 말한 신약 성서 27권이 확정되어 가는 시기와 비슷합니다. 이때 확정된 기독교 교리와 성서가 오늘날에 이르기까지 가톨릭교와 개신교의 기초가 되었습니다. 이 시기를 기독교가 성년에 이른 시기라고 한다면, 2세기 말은 기독교가 아직 유년에 머물러 있던 시기라고 할 수 있습니다. 즉 기독교가 자신의 정체성을 탐구하고자 고투하던 시기이자 동시에 아직 그 순수함을 보전하던 시기였다고 할 수 있습니다.

신약 성서는 다양한 형식과 내용의 책들을 포함하고 있습니다. 지금의 신약 성서는 오랜 세월 전해지고 개별 문헌이 편집되는 과정을 거쳐 지금과 같은 형태의 문서들로 고정되었습니다. 신약 성서의 정경화 과정은 수많은 초기 기독교 문헌들 가운데 어떤 문헌은 받아들이고 어떤 문헌은 거부하는 정리 작업을 거쳐 점진적으로 이루어졌습니다. 가장 먼저 바울의 편지들을 모으고, 그다음에는 복음서들과 이른바 가톨릭 편지들(야고보서, 베드로 전·후서, 요한 서신, 유다서)을 모았습니다.

이러한 정경화 작업은 주로 2세기에 이루어졌는데, 그때 이

단으로 여겨지던 영지주의*자들이 먼저 다수의 복음서들과 사도들의 위서신**들을 집필한 것에 자극을 받았습니다. 즉 이 일을 계기로 이른바 교부***들 사이에서도 정경화 작업을 서두르게 된 것입니다. 이리하여 150년부터 300년 사이에 지금과 같은 정경의 형태를 거의 갖추고, 4세기에는 정경이 확정됩니다. 신약 성서는 이렇게 복잡한 과정을 거쳐 형성되었습니다.

신약 성서는 예수의 삶과 죽음과 부활 소식을 담은 네 개의 복음서, 예수 사후 교회의 성립과 사도들의 행적을 담은 사도행전, 사도 바울이 자신과 관계있는 교회들에 보낸 편지들, 그 밖에 1세기 말 교회의 성장과 발전 과정에서 형성된 다양한 편지와 묵시록으로 이루어져 있습니다. 여기서는 그 가운데 신약 성서 신학의 핵심 내용을 이루는 복음서들과 바울의 편지, 그리고 이른바 가톨릭 편지들의 문서적인 특징과 전반적인 내용을 간략히 살펴보겠습니다.

---

* 2세기와 그 뒤에 발견되는 일단의 사상 또는 종교적 현상을 지칭하는 용어. 이 종교 현상에는 여러 가지 세계관과 신앙이 포함되어 있는데, 우주 창조를 악한 신이 이룬 불완전한 것으로 여기고 궁극적 본질로 돌아가는 것을 꿈꾼다. 한 구세주가 지상에 내려와 미지의 신과 신적 요소에 관한 지식, 즉 그노시스(Gnosis)를 제공하고 구원을 이루어 하늘로 돌아간다고 믿는다.
** 사도들의 이름을 빌려 후대에 작성한 편지.
*** 예수 사후 복음 전파의 임무를 받은 사도들이 점차 사라지면서 2세기 이후 등장한 기독교 지도자들을 일컫는다. 기독교 초기에 교부라는 말은 기독교 전통을 이어 오는 증거자라는 면에서 주교들에게 적용되었다. 그러나 4세기 말쯤부터 매우 제한된 의미로 사용되면서, 교리적으로 특별한 중요성이 있다고 인정되는 저술가들을 일컫게 되었다.

복음서들

복음(gospel)이라는 말은 그리스어 유앙겔리온euanggelion를 번역한 것입니다. 이 말은 문자적으로는 '기쁜 소식'을 뜻합니다. 그런데 신약 성서가 탄생한 1세기 로마 세계에서 기쁜 소식이란 전쟁에 승리했다는 소식, 더 일반적으로는 새로운 황제의 등극을 뜻했습니다. 또한 이 말은 황제 숭배 의식에서 '황제 신'의 탄생을 알리는 데 사용되었다고 합니다. 초대 기독교는 로마 제국의 통치와 관련된 이 말을 예수 그리스도의 탄생과 활동, 부활에 관한 초대 기독교의 기쁜 소식을 나타내는 의미로 사용했습니다.

복음이라는 말이 지금처럼 기독교의 근본적인 소식 그 자체를 가리키게 된 것은 2세기 후반이었습니다. 이 말은 하나님의 통치에 대한 예수 자신의 선포(마가 1:14~15)와 부활 신앙에 입각한 초대 기독교인들의 예수에 대한 선포를 담게 됩니다. 즉 복음은 예수의 죽음과 부활에서 하나님의 새로운 통치가 이미 시작되었다는 소식을 뜻하게 되었습니다. 그리고 그러한 내용이 담긴 책들인 복음서들까지 뜻하게 되었습니다.

복음서는 예수의 삶과 죽음을 묘사한 문학의 형식입니다. 넓은 의미에서는 전기에 속하지만, 기독교 선교에 대한 관심과 그 밖의 여러 요인 때문에 독특하게 변모한 것으로 보입니다.

현재의 각 복음서들은 책 자체와 관련해 아무 말도 하지 않습니다. 즉 누가 어떤 이유에서 썼는지, 어떤 상황에서 썼는지,

또 그것들을 어떻게 이해해야 하는지에 대해 아무 말도 하지 않습니다. 현재 복음서들이 '~가 쓴(according to) 복음서'라는 제목을 달고 있음에도 위의 질문들에 별다른 답을 주지 못합니다. 더구나 마태, 마가, 누가, 요한이라는 각 복음서 앞에 붙은 저자의 이름들은 초기 사본들에는 나타나지도 않습니다. 이 이름들은 후대에 붙인 것입니다. 따라서 사실상 저자 문제에 대해 그 이름들은 아무것도 말해 주지 않습니다. 다만 2세기 이후 4복음서의 권위를 세우기 위해 그 사도들의 이름과 관련시켰다고 추정될 뿐입니다. 사도는 예수를 따라다니며 직접 가르침을 받은 사람으로, 다른 사람들은 접할 수 없는 정보를 얻을 수 있었던 선택받은 집단이었습니다. 따라서 권위의 상징으로 여겨졌기 때문에 그 이름을 빌려 온 것입니다.

오늘날 정경 신약 성서에는 마태복음서, 마가복음서, 누가복음서, 요한복음서라는 4개의 복음서가 있습니다. 이 가운데 요한복음서를 제외한 마태복음서, 마가복음서, 누가복음서는 일찍부터 언어나 형식 면에서 관련성이 있다고 여겨졌습니다. 학자들은 이 세 권의 복음서 가운데 마가복음서가 제일 먼저 작성되어 나머지 두 복음서의 자료로 사용되었다고 봅니다. 또 마태와 누가는 이 마가복음서 외에 어떤 다른 자료, 즉 예수의 말씀만을 수록한 아직 발견되지 않은 다른 자료(Q자료)를 사용해서 각기 마태복음서와 누가복음서를 썼으리라고 추정합니다. 이 세 권의 복음서는 함께 놓고 볼 수 있다는 뜻에서 공관 복음서라고 합니

네 명의 복음서 저자

성서에 있는 네 권의 복음서는 마태, 마가, 누가, 요한이 썼다고 전해진다.
그러나 이는 후대에 이르러 예수와 함께한 사도들의 이름을 빌려서 저자로
붙인 것이다. 그림에서 인간(왼쪽 위)은 마태, 독수리(오른쪽 위)는 요한,
사자(왼쪽 아래)는 마가, 황소(오른쪽 아래)는 누가를 상징한다.

다. 이에 반해 요한복음서는 다른 세 복음서와 마찬가지로 예수의 삶과 활동, 그의 죽음과 부활을 다루는 복음서 형식을 갖추고는 있지만, 문학적 형태나 신학적 특징 면에서 세 복음서와는 전혀 다른 계통이라고 보기 때문에 따로 다룹니다.

바울의 편지와 바울 후계자들의 편지

바울은 복음서가 기술되기 이전에 활약했고 복음서가 기술될 때는 벌써 활동의 성과가 확실하게 나타나고 있었습니다. 특히 바울의 후계자들이 그의 유산을 이어받고 발전시켜 나갔습니다. 그 때문에 복음서보다 먼저 바울의 편지가 수집되었으며, 편집되고 학습되었습니다. 무엇보다도 유대교에서 독립하려는 기독교의 정체성을 확립하는 데 바울을 내세우는 것이 꽤 효과적이었기 때문이었습니다.

바울이 제시했던 율법을 넘어선 구원이라는 가르침은 기독교를 유대교에서 분리하는 데 효과가 있었습니다. 그 때문에 살아 있을 때는 소수 급진파에 지나지 않았던 바울의 가르침이 유대교에서 독립하여 기독교가 형성되기 시작한 70년대 이후 갑자기 각광받았습니다. 율법에 따라 할례를 받고 유대인이 되지 않아도 구원을 확증받을 수 있다는 가르침이야말로 모두가 바라는 바였기 때문입니다.

그러나 이것은 바울 자신의 의도와는 달랐을 것입니다. 그는 유대교에서 떠나기는커녕 자기야말로 유대교 하나님의 새로운 계시에 가장 충실하다고 이해했기 때문입니다. 바로 그 때문에 그는 생애 마지막에 예루살렘으로 이른바 화해의 여행을 떠나려 했고, 그로 인해 체포되어 목숨을 잃었습니다. 이 점을 생각하면 바울에 대한 평가가 이렇게 급격히 달라진 것 또한 역사의 아이러니라고 할 수 있습니다.

바울은 교회를 설립한 뒤 한곳에 계속 머물며 돌볼 수 없었습니다. 그래서 여행자나 대리인들을 통해 교회의 일들을 보고받고 그것에 대해 편지를 써서 보냈습니다. 바울의 편지들은 대부분 복음서들보다 앞선 50~60년대에 쓰였으며, 초대 교회의 문헌들 가운데 가장 오래되었습니다. 바울은 로마 세계의 전통적인 편지 형식(글머리, 감사의 말, 마무리 인사와 축원)을 사용했습니다. 그러한 형식을 이용해 복음의 근본 의미를 밝히고, 자신의 내적 고투를 드러냈습니다. 그는 자신이 한 몸에 지니고 있던 극단적인 긴장과 대립을 편지에서 있는 그대로 표현했습니다.

현재 신약 성서 안에 바울의 이름으로 되어 있는 13개의 편지 가운데 바울이 직접 쓴 편지로 밝혀진 것은 데살로니가 전서, 고린도 전서, 고린도 후서, 갈라디아서, 빌립보서, 빌레몬서, 로마서 7개입니다. 나머지 6개 편지, 즉 디모데 전서, 디모데 후서, 디도서, 골로새서, 에베소서, 데살로니가 후서는 1세기 말~2세기 초에 바울의 후계자들이 작성했습니다. 후계자들은 바울의 권위에 기대어 교회의 가르침을 정당화하기 위해 바울의 이름을

바울의 고린도 후서 필사본

바울이 고린도 교회에 보낸 편지를 옮겨 적은 3세기 초의 파피루스다.
고린도 후서 11장 33절~12장 9절의 내용이 그리스어로 적혀 있다.

사용한 것입니다. 말하자면 바울학파가 바울의 소식을 밑거름 삼아 자신의 정체성을 확립해 나간 것이라고 할 수 있습니다.

도미티아누스 박해 때의 서신들

90년대의 기독교인들에게 큰 위협이 된 것은 도미티아누스 황제 말년의 박해였습니다. 이것은 특히 오늘날의 터키 지역인 소아시아에서 심했습니다. 이 위기에 직면하여 에베소(에페수스)를 비롯한 소아시아 여러 도시의 기독교인에게 죽음을 무릅쓰고 신앙에 충실히 머무르도록 권하는 것이 바로 요한 묵시록입니다. 요한 묵시록 4장 11절에는 "주이신 하나님"이라는 말이 나오는데, '주'(kyrios)는 도미티아누스 황제가 자신에게 요구했던 칭호입니다. 황제가 요구하는 칭호를 의도적으로 하나님에게 사용한 것입니다. 또한 이 서신에는 닥쳐온 박해를 배경으로 로마 제국이라는 악마의 멸망과 천국의 도래를 희망하는 강렬한 종말 의식이 분출합니다.

마찬가지로 도미티아누스 황제 때의 박해를 배경으로 1세기 말쯤 쓰인 것이 베드로 전서입니다. 이 서신은 본도(폰투스), 갈라디아, 갑바도기아(카파도키아), 아시아, 비두니아(비티니아)(베전 1:1) 등 오늘날 터키 지역의 교회에 보낸 것으로, 고난을 앞에 둔 위로와 권고의 편지이며, 쓰인 장소도 비슷한 지역일 것입니다. 그러나 베드로 전서 5장 13절의 '바빌론'이 로마를 나타내는 은어이기 때문에 로마에서 쓰였다는 설도 있습니다.

박해 시기의 문서로 야고보서도 있습니다. 야고보서는 80년대 무렵 시리아에서 쓴 것으로 보입니다. 저자는 격언풍의 권고문을 쓰는데, 실은 교회 안팎에서 세속적인 권익 획득에 몰두하는 도시의 부유한 신자들에게 경고를 하고, 경우에 따라서는 단죄의 말을 하고 있습니다. 믿음으로 의로워진다는 바울의 인의론을 아전인수식으로 사용하고 신앙의 윤리성을 왜곡하는 것을 엄격하게 비판하고 있습니다(야고 2:14 이하).

또 하나 박해 시대의 문서로 80~90년께 쓰인 것으로 보이는 히브리서가 있습니다. 이것은 신앙에 권태가 생기고 박해와 유혹을 만나 결국은 신앙을 내버리는 위험에 빠진, 아마도 이탈리아나 로마의 기독교도(히브 13:24)를 염두에 두고 쓴 듯한 글입니다.

이렇게 신약 성서 안에는 바울이 쓴 편지들과 바울 후계자들의 편지 말고도 편지 형식의 문서가 많습니다. 신약 성서 안에 복음서 외에 편지 형식의 글이 주류를 이루게 된 것은 신약 성서의 한 가지 특징을 말해 줍니다. 신약 성서는 어느 천재적인 저자가 책상 앞에 앉아서 신앙과 교리의 이러저러한 문제들을 정리하고 체계화한 책이 아닙니다. 이것은 예수 사후 약 100여 년에 걸친 초대 기독교인들의 역동적인 삶 속에서 탄생한 문서입니다. 그래서 그 안에는 서로 모순되고 때로는 합리적으로 받아들이기 어려운 내용도 있습니다.

그러나 그러한 모순과 역설은 박해와 고난 가운데서 삶의 희망을 이루어 간 초대 기독교인들의 삶 자체에 담긴 모순과 역설이기도 합니다. 오히려 이렇게 삶의 바닥에 뿌리내린 진실된 경험을 반영하기 때문에 신약 성서가 오늘에 이르기까지 많은 신자들의 삶 속에서 늘 새로운 의미로 다가올 수 있었을 것입니다.

행복하여라, 가난한 사람들!
행복하여라, 지혜로운 사람들!

자본주의 사회의 성장과 탐욕은 영원할 수 있을까?

어떤 의미에서 우리 시대의 교회가 당면한 싸움은 시대의 질곡이 더욱 깊어진 만큼 더 힘든 싸움이 될 것입니다. 자본주의 물질문명이 막바지에 이른 지금 그로 인한 위기의 징후는 도처에서 인류의 생존을 위협하고 있습니다. 더구나 자본주의는 항상 누군가의 희생을 전제로 돌아갑니다. 그래서 작가 허먼 멜빌 (1819~1891)은 "우리는 문명화된 몸을 가지고 있지만, 야만의 영혼을 가지고 있다."고 했습니다. 일본 후쿠시마의 핵 발전소 사고와 그 뒤에 벌어진 상황은 이러한 위기와 야만성의 가장 대표적인 징후라고 할 수 있습니다.

합리적이지도 도덕적이지도 않고 거의 불가사의하기까지 한 이 시대의 바탕에는 모든 것을 경제적인 이익 추구 아래에 두는 자본주의 문명의 병적인 경향이 도사리고 있습니다. 산업 혁명 이후 거대 기술 문명의 발전은 비정상적인 물질적 풍요와 늘 붙어 다니는 엄청난 위험에 대해 우리를 무감각하게 만들었습니다. 오늘날 지구 환경의 위기는 끝없는 경제 성장을 추구하는 자본주의와 뗄 수 없으며, 그것이 한계에 다다르고 있다는 점 또한 많은 진지한 학자들이 지적하고 있습니다.

리처드 하인버그(1950~　)는『제로 성장 시대가 온다』에서 단호하게 그와 같은 주장을 펼칩니다. 즉 자본주의의 발전이 한계에 도달했고, 따라서 더는 경제 성장이 가능하지 않은 새로운 시대가 온다고 주장합니다. 경제 성장은 끝났고, 경제적 착취의 확대와 전 지구적 자본의 확장도 끝났다는 것입니다. 그는 최근의 경제 위기는 단순한 불황이 아니라 인류 역사상 새로운 시대가 도래하는 징표라고 경고합니다. 또한 끝없는 경제 성장을 이루려는 모든 근시안적이고 무익한 시도는 환상에 근거한 것이라고 지적합니다.

하인버그는 성장 시대가 끝나는 세 가지 핵심적인 이유로 석유 위기로 대표되는 자원 고갈, 환경 파괴로 인한 기후변화, 금융 통화의 구조적인 실패를 듭니다. 석유 문제 전문가이기도 했던 그는 이 중에서도 가장 중요한 이유로 자원 고갈, 즉 석유 위기를 꼽습니다. 많은 학자들이 말하듯이 석유 생산은 이미 정점을 지났거나, 정점을 향해 빠르게 다가가고 있습니다. 산업 혁명 이후 자본주의의 수레바퀴를 쉬지 않고 굴려온 것은 실은 석유였습니다. 석유는 그 어떤 대체 에너지에 비교할 수 없을 만큼 효율성이 높고 운송이 편리한 값싼 에너지원입니다. 따라서 석유가 희소해질수록 오늘날의 생활을 유지하는 데 필요한 비용이 엄청나게 커질 것입니다. 자원 고갈로 한계에 다다를 가까운 미래는 먼 과거를 닮을지도 모릅니다.

언제 파국이 일어날 것인지는 시간문제일 뿐입니다. 경제를 재구조화하기 위한 특단의 조치를 취하지 않는 한 파국은 언제고 도래한다고 많은 학자들이 경고하고 있습니다. 그런 일이 일어날 때 세계는 2008년의 경제 위기보다 훨씬 극적인 위기를 겪을 것입니다. 만일 국가가 위기에 합리적으로 대응할 수 있다면, 지금이라도 끝없는 탐욕과 착취의 경제에서 벗어나기 위한 노력을 기울여야 합니다. 그래야만 사회적 붕괴를 조절할 수 있을 것이라고 하인버그는 말합니다. 그러나 그것은 현재의 권력 구조를 완전히 뒤엎는 것을 전제로 하기 때문에 실제로 가능할지는 의문입니다. 오히려 그는 파국이 가속화하면 사회에서 큰 힘을 지닌 엘리트들이 더욱 대담해져서 거대 은행과 군사 체계를 지탱하기 위해 사회의 자원을 더욱 약탈하지 않을까 우려합니다.

이웃과 함께 기쁨을 나누는 공동체는 어디에?

결국 생존 가능성은 지역에 따라 결정될 것이라고 합니다. 중요한 것은 공동체의 복원 능력입니다. 마지막에는 자율적인 인간 공동체가 남을 것이라고 하인버그는 말합니다. 그것이 우리의 운명이라고 합니다. 우리 삶의 질은 우리 공동체의 질에 달려 있습니다. 만일 공동체적인 연대가 강력하다면 아마 견딜 수 있을 것입니다. 만일 공동체적인 연대가 약하다면 시련에 꺾이고 말 것입니다.

그러므로 대파국의 위기가 정말로 시작되기 전에 이러한 준비를 하는 것이 중요합니다. 하인버그에 따르면 그것은 '이웃을 아는 것'을 뜻합니다. 구체적으로 그것은 푸드 뱅크*를 설립하고, 지역 통화**를 실천하며, 텃밭을 가꾸고, 자기가 살고 있는 지역에서 물건을 사는 것을 의미합니다. 그것은 이웃들과 가정, 친구들의 네트워크를 형성하는 것입니다. 지역에 터 잡고 지역의 삶에 뿌리내리는 것, 그것만이 생존을 위한 우리의 전략이 될 수 있습니다. 그리고 자신이 터 잡은 곳에서 각자 실제적인 기술을 연마하고 더욱 자급적이 되며 이웃과 신뢰의 연대를 형성하는 것, 그것이 우리의 삶과 우리 아이들의 삶의 질을 결정하게 될 것입니다.

그런데 이처럼 공동체를 형성하고 이웃을 만들어 가는 것은 오래전부터 교회가 해 온 일이기도 합니다. 우리나라에서도 선교 초기에 교회는 가난한 이웃들의 공동체였고, 가난한 사람들의 친구가 되어 주었습니다. 그러나 1960년대부터 산업화가 추

---

* '식품 재분배 은행'이라는 뜻의 푸드 뱅크는 가정과 단체 급식소에서 남은 음식이나 유통 기한이 다 되어 가는 식품 등을 필요한 사람에게 전달해 낭비를 막는다.
** 지역 주민들이 서비스나 상품을 현금 없이 서로 주고받는 것을 뜻한다. 서로 주고받는 것은 물건만이 아니라 노동력·지식·기술 등 다양하다. 또한 국가 통화 대신 대안 화폐를 사용한다. 우리 고유의 두레나 품앗이와 성격이 비슷하며, 이웃 간의 소통과 신뢰·공동체의 일체감을 높인다.

진되면서 교회도 자본주의 성장 이데올로기에 빠져서 물질적 번영을 하나님의 축복이라고 선전했습니다. 이웃과 만나고 이웃이 되어 주는 일에서 진정한 기쁨을 얻는 것이 아니라, 경제 성장과 그로 인한 물질적 풍요를 누리는 것이 복음이며 하나님의 축복이라고 선전했던 것입니다.

제어되지 않은 오만은 언제나 자기 파멸을 가져오게 마련입니다. 돌아보면 증거가 넘쳐나는데도 우리는 그 위험을 보지 않으려고 합니다. 이러한 증거들은 우리가 삶과 문명의 방향을 바꾸지 않으면 파국이 확실하다는 사실을 보여 주지만, 성장의 환상에 눈이 어두워진 우리는 그것을 보지 못합니다. 이것은 단순히 경제적·정치적 위기를 넘어, 사실은 믿음의 위기입니다.

옛 예언자들은 파국적인 상황에서 외세의 힘에 의지하지 말고 하나님만을 의지하며 스스로 의로운 길을 열어 가라고 촉구했습니다. 이제 우리는 성장 신화라는 환상과 우상을 깨고 좋은 삶과 진정한 행복이 무엇인지 생각해야 합니다. 그것이 믿음이고, 세속적인 언어로 바꿔 말하면 '상상력'입니다. 믿음과 상상력은 합리적으로 생각하면 눈앞에 어떠한 가능성도 보이지 않는 상황, 도저히 희망을 품을 수 없는 상황에서 오직 삶의 명령에 충실하게 따르던 사람들이 키워 온 마음의 습관입니다. 그것은 로마 제국에 의해 처형당한 사람의 소식을 로마 제국 방방곡곡에 전하겠다고 작정한 바울이 간직했던 마음이기도 합니다. 그들은 믿음과 상상력을 통해 희망을 이어 왔고, 삶을 이어 왔습니다.

행복하여라, 가난한 사람들! 행복하여라, 지혜로운 사람들!

성장 신화의 환상을 깨부수는 믿음은 필연적으로 '가난'에 대한 우리의 생각을 바꿀 것을 요청합니다. 전통 사회의 사람들은 언제나 인간이 넘어설 수 없는 한계, 즉 인간의 조건을 자각하며 살아갔습니다. 종교와 문화란 바로 이러한 한계를 받아들이면서 형성된 다양한 사회적 표현이라고 할 수 있습니다.

주어진 인간 조건에 순응하고 동시에 저항하면서 자기 한계를 깨달아 갔던 전통 사회의 일반적인 삶의 양식은 바로 가난이었습니다. 가난은 지금처럼 부나 지위, 명성에서 상대적으로 낮은 위치에 있는 것을 가리키는 말이 아니었습니다. 그것은 시간과 장소에 따라 다양하게 주어진 삶의 필연에 대처해 나갈 때 당연하게 따라 나오는 삶의 방식이었습니다. 그러므로 전통 사회에서는 가난이 결코 박멸의 대상이거나 부끄러운 일이 아니었습니다. 오히려 가난은 일정한 한계 안에서 살아야 했던 많은 사람들의 삶의 조건을 의미했습니다. 종교를 비롯한 다양한 문화는 물질적 부가 아니라 실은 바로 이 가난이 꽃피워 낸 결실입니다.

독창적인 사상가 이반 일리치(1926~2002)에 따르면, 전통 사회의 가난은 '지혜로운 인간'(Homo Sapiens)을 탄생시킨 반면, 오늘날에는 가난을 끊임없이 박멸의 대상으로 만들면서 오히려 '곤궁한 인간'(Homo Miserabilis), 즉 늘 무언가 부족하다는 강박과 결핍감에 빠져 안달하는 인간을 만들었습니다.

우리 사회에서 교회가 지금처럼 좋은 소리를 듣지 못하게 된 까닭은 그동안 교회가 가난을 죄악시하고, 경제 성장에 대한 환상을 하나님 나라에 대한 믿음과 맞바꾸며, 물질적 이해관계를 이웃 관계와 맞바꾼 것과 관련이 있습니다. 기업과 국가가 퍼뜨리는 경제 성장과 물질적 풍요에 대한 신화를 하나님 나라에 대한 꿈과 동일시한 것입니다. 1960년대 우리나라가 경제 성장에 본격적으로 박차를 가하면서부터 제어되지 않은 자본주의의 탐욕이 불평등을 구조화하고 온 국토를 결딴냈습니다. 이때 소수의 기독교인들을 제외하고는 대다수 교회가 이를 묵인했습니다. 오히려 자본주의의 탐욕에 저항하는 사람들을 '교회의 적'이자 공산주의자(빨갱이)라는 낙인을 찍어 비난하는 데 앞장섰습니다.

이제 성장의 한계에 이른 시점에서 그동안 경제 성장을 하나님의 축복이라고 설교해 온 교회가 무슨 할 말이 있을까요? 괴로워하는 대다수 사람들에게 교회는 정치권력, 기업 권력과 함께 현재의 파국을 초래하는 데 공모해 온 이 세상 권력 가운데 하나에 지나지 않습니다. 이제 교회는 경제 성장을 하나님의 축복이라고 선전해 온 잘못을 반성하고 새로운 시대를 상상하고 준비하는 데 앞장서야 합니다.

자연과 인간의 삶이 신성한 차원, 즉 화폐 가치를 뛰어넘는 가치를 지녔다는 것은 믿음의 가장 기본적인 전제입니다. 이 사실을 인식하지 못하는 사회는 결국 집단 자살의 길로 갑니다. 그런 사회는 죽을 때까지 제 몸을 파먹는 괴물과도 같습니다.

〈성전에서 장사꾼을 쫓아내는 예수〉

엘 그레코, 1600년

예수가 예루살렘 성전 앞뜰에 진을 친 장사꾼을 내쫓는 모습이다.
왼쪽 위 성전 벽에는 낙원에서 추방당하는 아담과 이브의 모습이 보인다.
화가는 인간 사회가 돈과 값나가는 물건을 얻고자 하는 장사꾼의 욕심 때문에
낙원에서 추방된다고 말하는 듯하다. 장사꾼이 주인인 오늘날 자본주의 사회는
낙원에서 자꾸만 멀어지고 있는 게 아닐까? 예수는 소유욕에서 벗어나 가난을
실천하라고 가르쳤다. 자발적 가난은 오랜 지혜이자 건강한 삶의 방식이다.

그러나 이것은 우리에게 희망이 없다는 뜻이 아닙니다. 살아 있는 한 행동해야 하고, 행동하는 한 희망을 말할 수 있습니다. 희망은 결코 합리적인 계산에서 나오지 않습니다. 합리적 계산에는 영적 열정이 결여되어 있기 때문입니다.

우리 앞에 놓여 있는 고통을 견디기 위해서 우리는 상상력을 움직이게 해야 합니다. 저항을 위한 힘은, 상상력으로 주변 사람들의 고통을 다스릴 수 있는 능력을 지닌 사람들에게서 발견됩니다. 예수가 로마 제국과 예루살렘 성전 체제 아래의 숨 막히는 상황에서 새로운 세계를 보여 줄 수 있었던 것도, 바울이 제국의 깃발이 나부끼는 로마의 도시들에서 그리스도 십자가의 복음을 전파할 수 있었던 것도 바로 이 상상력 덕분이었습니다. 삶의 바닥에서 괴로워하면서도 삶을 이어 온 수많은 이름 모를 남녀들이 거룩의 힘을 지킬 수 있었던 것도 바로 이 상상력 덕분이었습니다. 이러한 상상력은 교회가 보존해 온 귀중한 자산입니다.

상상력이란 환상을 만들어 내는 능력이 아닙니다. 그것은 사물의 겉모습이 아니라 현실의 진면목을 이해할 수 있게 하는 유일한 힘입니다. 죽을 수밖에 없는 존재인 우리에게는 보이지 않는 것들이 있습니다. 그러한 것들은 경험과 사실의 세계를 넘어섭니다. 그것은 힘으로 얻을 수 있는 것도 아니고, 합리적인 인식이나 논리적인 추론으로써 얻을 수 있는 것도 아닙니다. 그것은 아름다움·진리·사랑·의미를 추구하는 우리의 삶 한가운데 있으며, 오직 상상력을 통해서만 감지할 수 있습니다. 그러므로 상상력이란 우리 자신의 운명에 직면하는 능력이자 진리와 대면하는 능력입니다. 이러한 상상력을 무시하는 문화는 자멸하는 문화입니다. 그러한 문화는 아무것도 볼 수 없고, 아무것도 느끼지 못합니다.

성서의 예언자들은 우리 자신을 숭배하지 말라고 외쳤습니다. 저열한 탐욕 앞에 무릎 꿇지 말라고 끊임없이 외쳤습니다. 이들의 희망은 자기기만이 아니라 신성한 것들을 향한 존경에 근거했습니다. 예수도 마찬가지였습니다. 자신과 타자 안에 존재하는 이러한 신성한 차원을 향한 존경이야말로 우리로 하여금 사랑할 수 있게 하는 힘입니다.

그러므로 지금 우리가 할 수 있는 것은 옛날부터 우리가 보존해 온 귀중한 전통을 지키고 실천하는 일입니다. 기독교를 비롯해서 인류의 모든 위대한 종교적 전통은 인간은 신이 아니라 인간이며, 결코 전체에서 분리된 독립된 존재인 것처럼 오만을 부려서는 안 된다는 점을 거듭 말하고 있습니다. 인간은 전체의 일부로서 특정 시간과 장소에 뿌리내리고 주어진 삶의 필연, 즉 유한한 인간 조건 안에서 사랑하고 희망하는 방법을 찾아가야 합니다. 그리고 지금의 위기 상황에서 그것을 가능하게 하는 것은 경제 성장에 대한 환상이 아니라, 이웃과 함께하는 공생공락의 가난한 삶에 대한 믿음과 상상력입니다. 예수도 "행복하여라, 가난한 사람들!"이라고 하지 않았습니까!